NORMANDIE SCANDINAVE

ou

GLOSSAIRE DES ÉLÉMENTS SCANDINAVES.

Normandie Scandinave

OU

GLOSSAIRE

DES

ÉLÉMENTS SCANDINAVES

DU PATOIS NORMAND,

Par Édouard LE HÉRICHER,

Professeur de Rhétorique au Collége d'Avranches, Correspondant du Ministre de l'Instruction publique.

AVRANCHES

IMPRIMERIE TYP. ET LITH. HENRI TRIBOUILLARD, LIBRAIRE,
rue des Fossés, 4 et 6.

1861.

INTRODUCTION.

Cherbourg.

J'ai toujours trouvé l'industrie humaine petite auprès de celle de la nature. Les Pyramides feraient à peine un des degrés de l'Himalaya. La frégate de l'homme rampe sur les eaux, tandis que la frégate de Dieu la distance d'un coup d'aile — *remigio alarum.* Une trouée dans un buisson me montre plus de ciel que la plus vaste toile. Mettez donc le lac Mœris auprès de la mer Caspienne. Mais l'âme humaine, qui contient tout cela, est la merveille des merveilles. A quoi donc sert l'art ? Il rappelle la nature, il en combine les éléments selon certaines lois. Il ne rivalise pas avec elle, ni la mort avec la vie. Cependant à Cherbourg l'homme m'a semblé grandi : dans cette œuvre Napoléonienne a passé l'âme du plus fort des hommes ; elle respire dans ce bronze d'un grand artiste, qui, d'un geste, commande à la mer. Sur le socle de granit sont écrites ces paroles : « J'aurais voulu renouveler à Cherbourg les merveilles de l'Egypte. » Sire, vous les avez dépassées. La digue d'Alexandrie avait neuf cents pas, comme le dit César, qui s'abrita derrière ; celle de Cherbourg a près de quatre mille mètres. La rade contiendrait plusieurs lacs Mœris, du moins, à la mesure de Pomponius Mela, qui lui donne trente kilomètres de tour. La digue présente une masse de quatre cent vingt mille

mètres cubes de plus que la grande Pyramide. Ce souvenir
de l'Egypte, évoqué par tout ce granit et ces paroles, vous
poursuit partout dans ce port, où vous trouvez encore un
hydromètre construit sur le modèle du Nilomètre des Pto-
lémées.

Pour moi le vaisseau est une des merveilles de l'homme.
Il est beau, il est svelte, il pyramide comme la cathédrale ;
mais il se meut, il vit. Tous deux portent la civilisation dans
leurs flancs, mais il la porte sur tous les points du globe.
Les poètes disent qu'il brave les éléments. Il fait plus : il les
comprend et leur obéit. Quand il en triomphe, il oppose un
élément à un élément ; au vent et à la marée, la vapeur.
Dans tous les cas, c'est l'esprit qui s'est approprié la matière, ou qui l'a domptée.

Mais si la pensée se repose heureuse et fière sur le vaisseau, c'est qu'il n'est pas seulement l'homme de guerre, le
man of war, comme disent les Anglais dans une belle expression qui fait de lui un être vivant, c'est qu'il est la patrie
flottante, la civilisation voyageuse, le rêve lointain. Ce Cherbourg, taillé dans le schiste et le granit vifs, dont la rade,
fermée de main d'homme, est une mer, dont les bassins,
bordés de formes et de cales, sont des lacs qui cacheraient
des cathédrales dans leurs eaux et derrière leurs rebords,
formés de près de quatre millions de mètres cubes extraits
de leur sein, dont le front est crénelé de la Digue et des îles
et dont les flancs sont dentelés et hérissés de forteresses, ce
Cherbourg, qui est la force, n'étonne ou n'attendrit l'âme,
maîtresse de sa raison, que par ce qu'il est, selon le mot de
l'excellent et profond Vauban, l'auberge de la Manche. Asile
du navigateur fatigué ou en péril, qu'il soit aussi, au besoin,
le bouclier de la patrie !

Ceux qui savent l'histoire et qui aiment leur pays et l'humanité, ceux qui n'absolvent la guerre, comme le fait Dieu, sans doute, que quand elle a un but de civilisation, ont assisté, comme à la fête de la paix, dont l'autel était le vaisseau la *Bretagne*, à cette rencontre de deux grands souverains annonçant au monde que l'harmonie des deux nations, reines de l'Europe, ne serait pas troublée. Ils ne proclamaient pas leur volonté, mais ils étaient les interprètes de quelque chose au-dessus des souverains, de la force des choses. La raison des peuples parle quelquefois plus haut que leurs cœurs. On n'y efface pas l'histoire en un jour, mais on marche vers l'heure où les antipathies nationales ne seront plus que l'émulation.

Il y avait là, rangée parallèlement à la Digue, une flotte anglo-française, dont les plus nobles vaisseaux étaient la *Bretagne*, de 140 canons, et le *Royal-Albert*, de 130, et en avant, vers la ville, au centre du triangle de la mer, deux à trois cents de ces yachts élégants et excellents marcheurs dans lesquels le riche et le noble de l'Angleterre mettent leur confort et leur orgueil. Enfin, sur le premier plan, une multitude de navires de toutes formes et de tous pavillons : trois degrés, la souveraineté, l'aristocratie, le peuple, éternelle hiérarchie.

Pour voir Cherbourg, montez sur le Roule, le plus haut point de cette baie aux rivages tourmentés. C'est avec le pic de la Fauconnière, comme l'on dirait l'aire des faucons, le plus bel observatoire du pays. Sur le fort du Roule, mis à la place d'un hermitage, flotte le tricolore ; sur la Fauconnière se dresse une tente où ondoie le *Royal-Jack*, la profonde gorge de la Divette les sépare, vrai symbole : le rapprochement est apparent, la distance est très-respectueuse ;

cependant elle est moins grande qu'il y a quarante ans. La rivière de ce Gave a perdu la tradition de son nom : l'antique forme d'*Eve*, *Ive*, *Ivette*, ou rivière d'Ivette, n'existe plus que pour les philologues. A quelque distance de là, ce joli diminutif est devenu *Dielette*. C'est ainsi qu'on a dit la *Dive*, pour la rivière d'Ive, la *Douve*, pour la rivière d'Ouve. Une antique charte du Conquérant, où le nom local a gardé sa couleur romaine ou scandinave, la désigne sans doute sous un vocable universel en Gaule : « *à Tharo* (la Saire) *usque ad Tharellum*. » Ce mot *Thar*, *Tarn*, rivière, est resté en anglais, *Tarn*, un lac.

Maintenant l'humble rivière, qui pourtant a formé un des premiers ports du monde, est cachée par la levée du chemin de fer, et par les machines dont elle a peine à désaltérer la soif ardente. Devant cette ligne régulière, on se prend à regretter les méandres de ses eaux, comme dans le wagon, sourd et aveugle, on se prend à regretter l'antique diligence où l'on voit et on pense. Cette entrée dans Cherbourg, sur cette pente uniforme, rappelle péniblement cette magnifique arrivée par la route du Roule, où au point de Belle-Vue se démasquait soudain, à un tour de roue, la ville, le port, la rade, la grande mer — *mare velivolum*, — l'infini.

J'ai monté sur les points les plus élevés de la Normandie : de la Butte-Chaumont, près d'Alençon, j'ai joui de la vue de dix lieues de forêts ; de la montagne Sainte-Catherine à Rouen, du paysage des campagnes traversées par un fleuve semé d'îlots ; des falaises d'Arromanches, près de Bayeux, d'une vue de mer qui allait jusqu'à l'*Anglage*, le terme des pêcheurs pour l'Angleterre ; du Tour-des-Fous du Mont St-Michel, d'un paysage complet, campagne, grèves immenses, monuments, la mer ; à la limite de la province, au

Mont-Dol, dans une visite matinale, j'ai été témoin, au déchirement des brouillards sous le soleil, de l'émersion des terres, des grèves, des eaux, une scène de la création ; du dôme de la cathédrale de Coutances, sous lequel Vauban s'écriait : Quel est le fou sublime qui a lancé ces pierres vers le ciel ! j'ai embrassé d'un regard le vaste golfe formé par la Bretagne et la Normandie, semé des îles anglaises, — *the bright gems of the sea.* — Rien de tout cela ne m'a laissé un souvenir d'espace, de lumière et de pensée, comme la vue de la baie de Cherbourg de la montagne du Roule.

Pourquoi donc ? C'est que, dans ce vaste triangle de mer étincelante, appuyé au ciel, bordé par les grands bras décharnés de la terre, il y avait l'homme, mais l'homme avec le nombre, avec la puissance, avec le mouvement, avec le bruit ; il y avait la vie. A mes pieds, un chemin de fer qui avait jeté là cinquante mille personnes, une ville qui se grossit régulièrement de mille habitants chaque année, et qui recevait, en ce moment, cent mille hôtes dans son sein, un port de commerce infiltré dans les terres, couvert de toiles et de banderolles, un port de guerre rude et monotone, où il n'y a que quatre choses, le fer, le chêne, le chanvre, le granit ; et cette rade merveilleuse avec six cents navires, rendez-vous de deux grands peuples, — cadre et tableau, idéalisés par la distance. Pourquoi donc la nature ne peut-elle se passer de l'homme ? c'est qu'à la vue de l'Océan solitaire l'âme rêve ; à la vue du bateau qui vogue, elle pense.

A cette hauteur, au-dessus du vol des goëlands, je ne recevais plus le bruit de la fourmillière humaine. Les bordées anglaises et les feux de file des canons français, qui faisaient brouillard sur toute la rade à mes pieds, avec le feu de leur gueule dans cette nuit de fumée — *noctem fumiferam* — comme dit Virgile, montaient seuls jusqu'à mon fort, qui, avec ceux des îles, Pelée et les Flamands, avec ceux des caps, la Cayenne, le Hommet, Querqueville, répondait de la voix plus grave d'un plus fort calibre. Deux mille canons grondaient à la fois. C'est plus terrible, c'est moins beau que le tonnerre.

Le canon c'est le bruit et la mort, le tonnerre n'est souvent que le bruit. Mais ce n'est que dans la bouche des poètes, ces menteurs de bonne foi, que la foudre humaine bruit comme celle du ciel. Le canon n'a qu'une note, brusque, sombre et noire, une espèce de toussement, — « Faire tousser le brutal, » disent les canonniers. Le tonnerre, majestueux, roulant, éclatant, coloré, a des gammes, des phrases. Il parle, il file le son, il chante. Dans sa courbe sous la voûte du ciel, sa voix me fait l'effet d'un arc-en-ciel sonore. Dans un des plus beaux orages que j'aie entendus de ma vie, un bruit tonitruant continu dans un ciel de nuit, sans cesse flambant, — ce qui arriva sur la fin d'un banquet donné, en place publique, à un bataillon revenant de Crimée, — je demandais à un soldat si ce bruit égalait la canonnade de Malakoff : « L'un n'approche pas de l'autre, » disait-il dans sa vanité militaire. Maintenant que j'ai entendu les deux mille gros canons de la rade sonore de Cherbourg, je dis aussi : « L'un n'approche pas de l'autre. »

Je n'aime pas cet arrière-bassin du port de commerce, sauf son pont-tournant assez animé, qui sculpte et ajoure cette cuve de granit : ces quais sont trop larges ; il y a trop loin du navire aux maisons, on n'y sent pas assez l'hospitalité. Avant que le génie encaissât les galets, les vergues tou-

chaient aux fenêtres, touchante union de la terre et du
navire. C'est là qu'on a embarqué, bloc par bloc, une partie
de la montagne du Roule, qu'on a jetée en rade à deux
lieues, rocher artificiel, qui porte solidement la Digue. Les
fameux cônes de maçonnerie des ingénieurs de Louis XVI,
auquel revient l'idée de ces murs en plein Océan, donnèrent
une leçon terrible à la science humaine : une nuit de fé-
vrier 1808, la vague balaya tout, pierres, forts et habitants,
et cette date sinistre s'appelle toujours dans le pays la *ventée
de la Digue*.

Cherbourg est le *Corivallum* des Romains, et ces deux
mots sont identiques de sens, mais offrent deux civilisations
superposées. Le *Corii vallum* a été traduit par les Francs en
Carisburg, d'où Cherbourg. Quant à la latinité de *Cæsarisburgus*, c'est une flatterie du moyen-âge. Méfiez-vous, pour
les noms, des moines du XIIIᵉ siècle. César ne vint jamais
dans la presqu'île des Unelli ; il les fit réduire par son lieu-
tenant Sabinus. Le vieux Cherbourg était sur la droite de la
Divette, dans ce qu'on appelle les *Mielles*, le nom commun
des sables plats et mobiles sur les côtes de la Manche, un
nom celtique celui-là, comme presque tous ceux qui désignent la nature du sol. Le scandinave réclame plutôt ceux
qui désignent sa configuration, spécialement les accidents
du littoral. Nous le verrons abondamment dans la Hague.
Défiez-vous aussi de l'étymologie tirée de la légende de la fondation de N.-D. du Vœu. Que *l'emperesse* Mathilde, dans un
danger de mer devant Cherbourg, ait fait vœu de fonder une
abbaye, c'est très-probable ; mais que le nom de *Chanteraine*, le lieu où elle fut bâtie, vienne des paroles du pilote :
« Chante, reine, vechy la terre, » c'est un conte pour celui
qui sait que les Normands appelaient *Chanteraine*, *Catarana*,
une grenouillère, comme *Chantepie*, un bocage, comme

Chanteloup, une forêt. Or, cette Chanteraine était un marécage, que le Grand-Port a dévoré, mais une de ses cales
s'appelle encore Cale-Chanteraine, ou de ce nom ou du
nom d'un député de Cherbourg, avant le brillant colonel de
Bricqueville, auquel la ville a consacré un buste de bronze
et une place. Il est à quelque distance de son Empereur,
pour lequel il frappa son dernier coup de sabre dans les
avenues de Versailles contre les Russes, en 1815. Cherbourg
ne voulut jamais les recevoir. Valognes, ville royaliste, les
reçut avec sympathie : cependant un de ces Huns y manqua
de briser la tête de son hôte d'un coup de tabouret.

Les débris romains et même celtiques abondent sous le
vieux Cherbourg ; on vous montrera, au Musée, des sta-
tuettes romaines, d'une rare élégance, trouvées au pied du
Roule, et un objet celtique, presque unique au temps de sa
découverte, un moule de cet instrument, objet tant contro-
versé, que les Anglais appellent un *Celt* et que nous appe-
lons Hache celtique. C'est tout simplement un fer de lance.
Un de ces moules se voit maintenant dans le Musée des
Antiquaires d'Ecosse ; j'en ai trouvé mention, comme venu
de Théville, près de Cherbourg, dans ce grand répertoire
de monuments des périodes de pierre, de bronze et de fer,
l'ouvrage de Wilson, *Archeology of Scotland*. C'est dans ces
Mielles qu'ont été faites des trouvailles magnifiques de médailles par les antiquaires Duchevreuil, Asselin, et mon
respecté maître, de Gerville. Ne comprenant guère la numis-
matique que comme une branche des arts, jaloux pourtant
des jouissances profondes qu'elle donne à ses adeptes, je me
rappelle encore une de ces pages de bronze de sa collection,
où on lisait, pour le règne de Néron, dans le silence de l'histoire, une *Pax perpetua*. Caractère personnel, mais dévoué,
esprit étroit, mais profond, Gerville avait fait de ce dé-

partement de la Manche son chez-soi, son *home,* où il ne permettait pas aisément à l'étranger de s'asseoir. Collecteur qui avait la science de ses collections, il avait fait de cet espace son musée : il y avait tout étiqueté, sa flore, ses fossiles, sa faune, ses coquilles, ses médailles, ses monuments. Savant local, il n'a guère donné à la science générale que le terme *Roman,* appliqué à l'architecture, peignant la construction qui se dégage de l'édifice romain, comme la langue se dégage du latin. Imagination médiocre—il appelait l'Ecole polytechnique notre meilleure école littéraire, — jugement exact, vaste mémoire, sympathies d'un autre âge, volonté énergique, il fut un homme fort, dont on se souviendra long-temps, vivant plus par le souvenir que par ses œuvres, qui ne sont que des fragments. Il ne connut que deux passions : la science et la politique. Robuste, il était sobre ; riche, il était économe. Ami dévoué ou adversaire rigide, il savait obliger avec zèle ou transpercer avec l'épigramme au triple dard, sans la tremper jamais dans le fiel, et sans oublier la dignité des lettres et la délicatesse du gentilhomme.

Cherbourg n'est pas une ville pieuse : c'est qu'elle est bien moins un port qu'un arsenal et une caserne. L'ouvrier, le soldat, le marin de l'Etat même, ne sont guère religieux : les deux premiers sont rarement face à face avec les grandes œuvres de Dieu; l'autre habite une cité flottante. Le pêcheur et le laboureur, voilà ceux qui pensent à Dieu, parce qu'ils vivent solitaires dans ses œuvres et qu'ils attendent tout de son ciel. Qu'est-ce donc, admirable spectacle de nos rivages de France, quand la même main s'appuie sur le manche de la charrue et la barre du gouvernail, et que la même pensée fait le sillage et le sillon? Je ne connais pas d'harmonie plus émouvante que le bateau de nos criques, ouvertes dans le flanc de falaises couvertes de maisons. Aussi Cherbourg n'a pas d'église digne d'une grande ville : la gare du chemin de fer est plus artistement travaillée que l'église de la Trinité. On a placé une humble ecclésiole au pied du Roule, comme à quelques lieues de là, à Bricquebec, on a posé, comme une statuette dans une niche, la statue du général Le Marois, au pied d'un gigantesque donjon à douze pans, une des plus belles ruines féodales de France. L'église neuve de N.-D.-du-Vœu, moitié romane, moitié ogivale, serait faite avec art, si l'humilité du style roman n'y contrastait avec l'élancement du gothique. Le cintre est religieux, et n'est pas cher; mais il n'a pas le grand élan de l'ogive; il n'a pas non plus la solidité de cet arc, sur lequel les termites et les fourmis appuient, celles-là leurs dômes, celles-ci leurs voûtes. Au moyen-âge, Cherbourg avait, avec son église principale, deux abbayes, celle du Vœu, fondée par la même Mathilde, vers 1140, et une abbaye de Genovefains. Il n'en reste plus que son emplacement, l'hospice de la marine, et son ancien réfectoire qui sert de chapelle à cet hospice. Le chateau et les abbayes formaient les extrémités de la ville. Les restes de celle du Vœu existent encore sur la grande route du fort de Querqueville.

Maintenant que son château est tombé, depuis 1692, et qu'il n'existe plus que dans les minutieux détails d'un projet de réparation par Vauban, maintenant qu'a disparu aussi l'unique témoin de cette forteresse, une forte tour ronde, que j'ai encore vue en avant de l'église, et qui a été vendue trente francs, le Cherbourg du moyen-âge ne revit que dans son église. Elle est du XIVᵉ siècle; sa tour rasée semble destinée à recevoir du canon et à jouer un rôle militaire assez fréquent dans les églises du moyen-âge, mais moins en France qu'en Angleterre, si l'on en juge par le grand nombre de grandes églises de ce pays qui sont *battlemented*. Ornement ou défense, ou les deux choses à la fois, le créneau domine dans la vieille et surtout, comme fantaisie, dans la moderne Angleterre. Quelques sculptures mutilées, qu'un antiquaire local appelle *solaires*, sans doute d'après le vieux système favori de la fin du dernier siècle sur le symbolisme naturel, attirent seules les regards sans les satisfaire. Un tableau de la ville, au XVIe siècle, se conserve dans la galerie de Matignon, au château de Torigni, auprès des tableaux de Granville, Chausey, et autres gouvernements de la famille.

Si Napoléon est l'âme du Cherbourg moderne, Vauban est l'âme du Cherbourg ancien. Voyez. Il découvre ce port et le baptise l'Auberge de la Manche; il restaure sa vieille bastille. Il jette le plan de la grande écluse de la Divette et du bassin. Il connaît tout ce littoral, qu'il appelle une côte *ferrée* : nos marins disent maintenant une côte de fer. C'est lui qui achète pour Louis XIV l'emplacement du port militaire : double avantage, car il note ainsi ce rivage : « De Cherbourg à Querqueville une lieue de descente par une baie de sable d'environ mille toises de côte, où les vaisseaux peuvent mouiller, côté en travers, à portée de mousquet. » Dumouriez appelle *Pré-le-Roi* le terrain acheté par Vauban, qui n'avait conçu que le projet de fermeture de la petite rade de Pelée au Hommet; ce fut La Bretonnière qui imagina la rade de Pelée à Querqueville. Génie excellent que Louis XIV fit mourir de tristesse, pour sa *Dîme royale*, comme d'un mot et pour la même idée, il avait tué Racine, Vauban aurait dû venir plus tard : Louis XVI et lui se seraient compris. Les Anglais s'étonnent qu'on fortifie ce littoral : mais voilà juste, an pour an, un siècle qu'ils débarquèrent à Gréville, dans la Hague, et il n'y a presque pas de crique en Normandie où ils n'aient abordé. Que chacun se garde d'une manière invincible ! Cette invincibilité est le gage de la paix entre les deux nations, comme le développement prodigieux des engins de la mort est sans doute un gage de plus pour la paix en général. Vauban serait heureux, mais il ne serait pas surpris de voir, par un soir de tempête, comme un *volier de grisons*, le nom des mouettes grises en ce pays, une volée de deux à trois cents navires, de tout pavillon, quittant cette longue et populeuse rue du Canal et se rabattant vers l'auberge de la Manche; en effet, il avait prévu ce résultat: « De ce que dessus il résulte que un port présentement désert et sans aucun commerce, pourra devenir non seulement marchand, mais très-bon... d'autant que l'espace de mer qu'il y a d'ici en Angleterre forme un détroit par où il faut que tout le commerce du Nord passe. » Mais cette rade est un « peu foraine. » Eh bien ! le capitaine de vaisseau, de La Bretonnière, dont on va tardivement tailler le buste pour Versailles, conçoit le plan de la digue que fait exécuter Louis XVI. Une tempête l'emporta, et sur ses débris on jeta celle d'aujourd'hui, roc artificiel, qui semble défier les flots. Le rocher Chavaignac clot la passe de l'Ouest, agrandi par quatre millions de mètres de roches extraits du bassin Napoléon III.

Dans le port militaire, trop vaste pour être animé, se rencontre un des éléments de la beauté, l'ordre, un peu sec, mais grand et fort. L'autre, la variété, le mouvement s'y fait regretter. Le vaisseau, voilà l'unique motif. C'est le seul thème qu'y chante le travail. Là, on assiste à toutes les phases de la vie du vaisseau : sous cette cale est son berceau; il y développe sa membrure et sa taille. En un beau jour de fête, après son baptême, il essaie de marcher, glisse, tombe, se relève et mesure l'espace. De tous ces ateliers sortent alors les ferrements et les bronzes qui sont ses joyaux, les voiles ses vêtements, les pavillons ses rubans. Il est adulte, il est beau, il est fort : il entre dans le monde des mers et des continents : il a son histoire. Malade ou blessé il revient à l'hospice des vaisseaux, dans un lit de radoub qui offre son empreinte sur une couche de granit. S'il meurt, son portrait subsiste dans une galerie qui s'appelle la Salle des Modèles, et son histoire écrite sur le livre de bord entre dans la bibliothèque de la marine. Si son existence a été glorieuse, il revit avec son nom dans un autre lui-même.

J'aime peu l'industrie : elle est sale. A Cherbourg, dans l'atelier de l'Etat, elle a de l'ordre et de la grandeur. Peu poétique, parce qu'elle n'est qu'un moyen, elle s'agrandit ici, juxtaposée près du but. Mais si cette machine touche peu mon sens esthétique, elle satisfait mon sens moral : ses mouvements haletants contrastent avec le repos de son surveillant. Du moins elle est seule à suer. Triste encore, la vue de l'homme, son esclave. Je n'oublierai jamais l'ouvrier que j'ai vu là, il y a vingt ans, épongeant sa sueur avec de l'étoupe, dans une atmosphère de feu, son œil blanc fixé sur un cadran, exposé à sauter, s'il oubliait une minute. Espérons : Hercule, le dompteur de la matière, est encore dans son berceau. L'épopée de la machine n'est qu'à son premier chant.

Une seconde vallée enserre Cherbourg et épanche au Grand-Port son eau appelée du nom scandinave de la Pole : le *Pool*, marais, est partout en Normandie et reste dans le vocabulaire anglais. C'est la vallée de Quincampoix, ce nom ordinaire des moulins, portant dans ses éléments romans, *Qui qu'en poist*, la bravade de la concurrence, comme la tour féodale vous jette à la face, comme le gantelet du défi, son nom de la *Quiquengrogne*. Des travaux de ce côté doivent rendre Cherbourg inattaquable par terre. Du reste, de l'avis des vrais juges,

Cherbourg est plus fait pour la défense que pour l'attaque, et sa rade ne pourrait pas contenir plus de vingt vaisseaux. Brest, voilà le premier port de la France, avec sa vaste rade fermée et flanquée de Lorient et de Cherbourg. Voilà pour le présent; mais voyez cette noire bombarde, avec sa carapace de fer, qui ne demande ni fond ni espace. N'est-ce pas là l'engin formidable de l'avenir? Mais jugez l'avenir de l'architecture navale. Le vaisseau à trois mâts a rasé ses flèches et de la nef a surgi une cheminée. Bientôt il n'y aura plus peut-être, pour la guerre, que des flottes de bombardes, légions de noirs scarabées des mers, passant par toutes les issues pour aller ronger les ports. Ainsi le télégraphe : c'était naguère un gigantesque sourd-muet qui parlait à ses frères, la tête dans les nuages. Aujour d'hui c'est un fil, presque invisible, qui rampe sur le sol. C'est un signe de nos temps que le beau cède partout la place à l'utile. Comparez, à ce point de vue, même la *Bretagne* avec la *Cordelière* sculptée d'Anne de Bretagne, ou avec le *Soleil royal* de Louis XIV, aux chateaux de poupe sculptés et peints. Aujourd'hui, selon le mot d'Horace : « *Nil fidit navita pictis puppibus.* » Dans cette rade même, comparez cette digue lisse et unie, géométrie de granit, avec cette île Pelée, que sculptent ses forteresses élevées, à toits aigus, à triple batterie, et inégalement régulières, du temps de Louis XIV, avec cette inscription, tournée vers la mer :

Les bombes et les flots se brisent contre moi;
Je ne connais qu'un maître, et ce maître est le roi.

M. de Gerville a démontré que le vrai port entre la presqu'île et l'Angleterre était, non pas Cherbourg, mais Barfleur, un *fiord* danois, à jamais célèbre par le naufrage de la *Blanche-nef* dans ce terrible *raz* de *Catte*, ou de Gatteville, qu'éclaira, bien plus tard, un joli phare bâti par la Chambre de Commerce de Rouen, et qu'éclaire aujourd'hui le plus grand phare du monde. Malgré cette infériorité de Cherbourg, bien des souverains le visitèrent ou y résidèrent dans le moyen-âge, parce que son château était le plus considérable de la presqu'île. Le roi de Danemarck, Suénon, y aborda; l'impératrice Mathilde, fille de Henri Ier, y trouva un port de salut. Henri II y résida, et Jean-sans-Terre au moins trois fois. Philippe-le-Hardy y était en septembre 1278. Au XIVe siècle, le roi de Navarre, Charles-le-Mauvais, augmenta les fortifications du château. En 1346, Edouard III ne put s'en emparer de force, bien qu'il eût l'armée qui devait vaincre à Crécy. Henri V le prit par capitulation. Le roi de France, Charles VII, s'en rendit maître. Les bourgeois de Cherbourg, bourgeoisie très-belliqueuse, reçurent le titre de *Pairs à barons*, pour récompense et encouragement dans leur lutte contre l'étranger. Ce titre était donné, depuis longtemps, de l'autre côté du détroit, aux habitants libres, *free men*, des *cinque* ports d'Angleterre, avec des vues semblables contre la France.

Cherbourg est inexpugnable par mer, dans l'état actuel des marines. Une ligne sémicirculaire de feux formidables couvre son front : c'est, à partir de l'est, la redoute de Tourlaville, le Fort des Flamands, petit port, qui vient de recevoir sa charte de navigation, l'île Pelée, la Digue, le Rocher Chavaignac, le Fort de Querqueville avec la batterie Ste-Anne, et celui du Hommet. Dans cette ligne, cinq passes. Puisque je cite le Hommet, je voudrais relever ce que je crois une erreur du maître, et peut-être même reprendre en lui ce qu'il a blâmé chez les autres. C'est une occasion que donne rarement M. de Gerville. On sait, en Normandie, avec quelle vigueur de science et de raillerie il a relevé l'hypothèse qui entassait presque toutes les cités de l'Armorique autour d'Avranches, et faisait de l'Avranchin *l'officina gentium*. Toute proportion gardée, ne ferait-il pas quelque chose d'analogue en juxtaposant aux portes de Cherbourg, sur un étroit espace, l'abbaye du Vœu, l'abbaye des Genovéfains, l'abbaye du Hommet? Sur quoi s'appuie-t-il pour cette dernière? Sur ces mots : « *Insula Hulmi in quâ abbatiam sitam esse constat.* » Le savant diplomatiste oublia alors que, de même que *monasterium* est souvent usité pour église, *abbatia* est pris dans ce dernier sens. Celui qui avait découvert le beau Cartulaire du Mont St-Michel dans un grenier, ne se rappela plus cette *Abbatia S. Paterni*, qui n'était que l'église de St-Pair, souvent citée dans ce grand monument du XIIe siècle. D'ailleurs *Abbatia*, dans les titres primitifs, désigne une église paroissiale : une église de ce pays, celle de Portbail, est désignée ainsi dans une charte de Richard III : « *Concedo abbatiam quœ appellatur Portbail, quœ sita est juxta aquam Jorfluctum cum portu.* » Ap. du Cange. V° *Abbatia.* Comme en général les antiquaires du littoral, suivant en cela les hyperboles légendaires ou traditionnelles, ont une tendance marquée à exagérer les invasions de la mer sur les côtes, on pourrait contredire, sur la question de l'île Pelée, notre maître, qui d'ailleurs fait passer des voies romaines au milieu de la baie du Mont St-Michel et à l'ouest de ce monastère. Il avait écrit qu'en 1560 l'Ile Pelée était le point le plus avancé d'un promontoire qui tenait à la côte, et qui disparut sous les envahissements de la mer dans le courant du XVIIe siècle. Voici qu'un savant qui a beaucoup étudié ce pays, M. Le Chanteur de Pontaumont, oppose à cette assertion un passage d'un ancien portulan, imprimé à Rouen en 1483, le *Grand routier du Pilotage*, par P. Garcie, dit Ferrande : « Si tu pousses en lest nordest de lisle Pelée qui est devant Cherebourg en amot de luy a unze brasses a beau fons cest assavoir coquail et cail-

louches et dessoubs lille et nulle maree ny court ne de flaux
ne de jusent. » Cet état était le même au XVIIe siècle, témoin
ce passage, cité par le même savant, d'un livre de cette
époque, le *Petit flambeau de la mer* : « Au proche de Cherbourg
au N.-E. de la ville environ une demi-lieue est une rangée de
rochers qui vont le long de la terre bien trois longueurs de
câble que l'on nomme l'île Pelée; ils sont presque toujours sur
l'eau, si ce n'est de grande mer. » Dans le grand mouvement
de recherches qui caractérise notre temps, l'archéologie ac-
quiert tous les jours de la certitude par la découverte de
nouveaux textes.

De ce côté du rivage, dans Tourlaville, où s'élève le Cherbourg du peuple, où l'on bâtit une église à St-Clément, le
patron des marins, sous la sépulture de ces sables mobiles
ou *Mielles*, dort l'antique Coriallum. Dès qu'on déchire ce suaire
jeté par les vents on trouve des reliques innombrables de cette
Pompeïa de la Manche. C'est de là que sont sorties en grande
partie les collections de Gerville, de Duchevreuil et du Musée
de la ville. Depuis cinquante ans on a trouvé des fondations
d'énormes constructions, des milliers de médailles, une immense quantité de poterie rouge, des figurines de terre cuite
et de bronze. C'est ce que constate M. de Gerville, qui rap-
porta plus de cinq cents médailles de ce point et qui passait
des semaines entières sur les fouilles. Dans toute cette antique
localité de Tourlaville, qui compte encore un cromlech et
deux belles roches druidiques sur ses landes, on a trouvé à
Quevillon cinquante médailles romaines, à Maupas deux médailles d'or, à la *Pierre-Butée*, le nom des menhirs dans ce
pays, plusieurs autres médailles en bronze; près de l'emplacement de la chapelle de la Madeleine, des poids romains, des
tuiles, des meules, une épingle d'ivoire; à la Boissaïe, le nom

3

normand des plants de buis, des traces d'habitations, des tuiles
et des débris de meules; dans une pièce sablonneuse près de
la Redoute, une figurine en belle pierre ollaire et une meule
romaine; au bois des Meulettes, des fondations en ciment
romain, dont le haut était formé de briques, tout un apparte-
ment avec compartiments; au Roule, un tombeau avec une
urne, beaucoup de monnaies et d'ornements d'or, une belle
figurine de bronze et ces hausse-cols d'or qui ont été fondus,
à l'éternel regret des antiquaires.

Le nom de Cherbourg est un curieux exemple des modifica-
tions des noms de lieu. Le Coriallum de la Table Théodo-
sienne, litt. *Corii Vallum*, la forteresse de Corius, à la période
franque se traduisit sans doute littéralement en germanique,
Cor-Burk; mais nous le trouvons dans les premiers monuments
écrits, dans la lettre de Richard, duc de Normandie, en 1026,
sous la forme de *Castellum Carusburc*, et il est assez curieux
de trouver un *Carisbrook* en face, de l'autre côté du détroit,
dans l'île de Wight. Une grande charte de Guillaume-le-Conquérant, très-précieuse pour la terminologie des localités cir-
convoisines, l'appelle *Cæsarisburgus*, mais elle garde en même
temps la forme antique, car elle nomme la chapelle de son
château « *Capella castelli Carisburgensis mei.* » G. de Ju-
miège revient à la tradition par la forme de *Churisburc*. Un
siècle plus tard, Orderic Vital et Robert du Mont, le plus
illustre abbé du Mont St-Michel, traduisent le nom teutonique
en *Cæsarisburgus*. Mais les chroniqueurs qui écrivent en
français disent *Chierebourc*, comme la Chronique de St-Denis,
pour 1308 et *Chierbourg*, comme Froissard. Aussi on connaît
un jeu de mots d'un roi de France : « Ci bourg est un chier
bourg pour moi. » Cette orthographe se contracte naturellement, selon le procédé anglo-normand, en Chirbourg, et le peuple

dit aujourd'hui Chidbourg. Il faut toujours écouter le peuple en fait de terminologie locale. Ainsi aux portes de cette ville on appelle officiellement Octeville une commune que le peuple nomme Odeville, *Othevilla* (charte du Conquérant). Beaucoup de ces noms renferment un nom d'homme, un saint, un chef : un nom local est encore le monument le plus indestructible qu'on puisse consacrer aux héros et aux dieux. On s'étonne quelquefois qu'on ne fasse plus de noms, comme aux temps passés. C'étaient des temps primitifs qui déterminaient les lieux par les termes des forces élémentaires sur un sol indivis. C'étaient des temps héroïques, le temps des héros qui s'incorporent dans le sol. Aujourd'hui, au contraire, pas de terre sans seigneur, selon la formule du droit féodal, et le temps des fortes personnalités est passé : le héros s'appelle légion, les unités héroïques, ce sont les nations.

De même que dans presque tous les vieux bourgs de la Manche il y a une *rue aux Juifs*, qui rappelle le coin où l'on parquait ces mécréants, de même dans nos vieilles forteresses on retrouve un souvenir d'autres infidèles, qui firent une impression si profonde sur la France. Une des tours de Granville s'appelait *Tour aux Sarrasins*; une de celles de Cherbourg portait le même nom. Il y a encore la *place des Sarrasins*, le tout vieux Cherbourg, où l'on a démoli récemment ces vieilles maisons, faites pour la durée indéfinie, aux murs épais de trois mètres. Comme les Sarrasins ne sont jamais venus dans le nord de la France, leur nom rappelle moins un fait qu'une tradition. Mortain possède aussi une *grotte aux Sarrasins*; «Vilain, Sarrasin, va! » est encore une injure que se disent les enfants. Toutefois il est probable que c'est comme ingénieurs que les Sarrasins ont laissé leur nom aux tours des villes, car ils nous ont donné, avec tant d'autres choses, l'art des fortifications, ce qu'attestent encore aujourd'hui dans notre langue Sarrasine, la herse d'une porte, et *Moucharaby*, que garde la langue de l'Archéologie. Quand le vieux château de Cherbourg fut démoli, vers 1692, par ordre de Louis XIV, il était habité par des gouverneurs du vieux nom normand, d'origine germanique, Le Berseur, c'est-à-dire le Chasseur.

La destruction est une loi universelle sans doute; si le cœur de l'artiste et de l'antiquaire saigne souvent en voyant tomber les monuments, pierres vivantes, le philosophe s'y résigne comme à une nécessité. Cependant il voudrait conserver et garder, comme dans un immense musée, tous les spécimens de l'art humain. L'artiste le désire encore plus vivement. Il se résignerait à la destruction, si un art venait se mettre à la place d'un autre. Cet art viendra certainement avec une grande civilisation nouvelle. Mais il y a déjà longtemps que nous sommes en tout l'ère de la destruction, c'est-à-dire de transition. Toutefois dans l'œuvre de démolition universelle, la France joue le premier rôle, *novitatis amans*. Nous ne marchons que sur des ruines : Cherbourg ressemble maintenant à une ville née d'hier. La race anglaise renonce plus difficilement que nous au passé : son sentiment conservateur est vivement exprimé dans cette formule de malédiction de l'île de Man : « Puisse une pierre de l'église être trouvée dans un coin de votre maison! »

Les descentes des Anglais sur ce littoral n'offrent d'intérêt militaire et national qu'à partir de leur expulsion de la Normandie en 1450. Auparavant, l'union de la province à l'Angleterre, l'absence d'une nationalité bien détachée, qui explique l'appel qui fut fait plus d'une fois par les seigneurs normands aux anglo-normands, en modifient le caractère. A la date du milieu du XVe siècle, les deux nations sont parfaitement détachées, comme les deux langues. Dès lors les descentes des Anglais sont bien celles de l'étranger. En 1514, ils débarquent dans Cherbourg, dans la fosse du Gallet, sur les galets mêmes près desquels s'élève maintenant la statue de Napoléon. En 1520, ils descendent un peu au nord de Cherbourg, aux Rases-banines, à Urville. Dans le désastre de la Hogue, ils brûlent trois vaisseaux sur la rade de Cherbourg. Il y a cent ans, année pour année, ils débarquent sur la plage de Gréville, un peu au nord d'Urville, et brûlent Cherbourg, dont ils sont maîtres sept jours. En même temps ils jettent sur les côtes de St-Cast un corps d'expédition qui est parfaitement battu par les paysans bretons. Il y a peu d'attérissements sur les côtes de la Hague où ils n'aient mis le pied dans les guerres de l'Empire. Dès lors Cherbourg était protégé et Napoléon disait de la Digue : « En moins de deux ans on vit surgir, comme par magie, une île véritable, sur laquelle se montra une batterie de gros calibre. Jusqu'à cet instant, les Anglais n'avaient guère fait que rire de nos efforts ; mais ici ce fut autre chose ; aussi firent-ils mine de vouloir nous y troubler ; mais ils s'y prenaient trop tard, j'étais en mesure... Cependant, comme je suis pour le permanent, j'ordonnai, en-dedans de la digue, à son centre et comme soutien en renfort d'elle, et pour lui servir à son tour d'enveloppe, un énorme pâté dominant la batterie centrale, et supportant lui-même, en deux étages casematés et à l'épreuve de la bombe, cinquante pièces de gros calibre avec vingt mortiers à grande portée. J'ai la satisfaction d'avoir laissé ce bel ouvrage accompli. » Déjà Dumouriez, qui avait conseillé à Louis XVI d'adopter le projet de Vauban, en armant l'île Pelée, avait repoussé deux frégates anglaises. Les grands travaux de Cherbourg ont donc leur raison dans l'histoire. Depuis la faute que commit Philippe-Auguste d'oublier les îles Normandes dans sa conquête de la Normandie, et de négliger de mettre ces joyaux dans l'écrin de la France, nous avons des îles anglaises dans nos eaux, attachées à nos flancs. A Jersey, le Fort Régent est une forteresse de premier ordre. De la pointe d'Auderville, du pied de ce phare avec lequel nous éclairons le dangereux Raz Blanchard, voyez-vous cette longue ligne blanche dans Aurigny, qu'ils appellent Alderney : c'est une caserne. Où vont tous ces robustes ouvriers de la Hague? ils vont creuser le port d'Alderney. Du vaisseau anglais qui l'emportait à Ste-Hélène, dans ces parages, Napoléon salua la Hague, cette extrémité de la France, en disant à notre pays : « Adieu, terre des braves ! » Bientôt il allait écrire ces lignes frémissantes : « Ah ! si ce Fulton avait eu raison, quelle immense puissance j'aurais eue en main ! Je serais le maître du monde. Mais ces savants sont si bêtes ! Ils n'ont pas même voulu que ce fût le germe d'une possibilité. »

Il est loin de notre pensée d'énumérer ces descentes des Anglais sur nos côtes pour réveiller les animosités nationales. Quiconque aime la France et l'humanité se gardera d'allumer la guerre entre deux pays qui peuvent longtemps verser leur sang et leur or sans résultat décisif; car nous sommes persuadé que l'un peut faire autant de mal que l'autre peut lui en rendre : la géographie le montre, l'histoire le prouve. Une grande question d'honneur ou d'intérêt lésé peut seul mettre le feu aux poudres. Cette circonstance entre difficilement dans l'ordre des choses possibles, en ce moment que leur volonté et leurs intérêts consolident la paix. Mais on ne peut trop mettre sous les yeux de la France les malheurs de la guerre pour en détourner son génie belliqueux et la vulnérabilité de ses rivages pour qu'elle les couvre d'une impénétrable cuirasse. On est heureux et fier de montrer Cherbourg à l'étranger, pour qu'il sache que les temps sont changés et qu'il lui coûterait cher même de raser les rivages français. Toutes ces considérations pèseraient sur l'opinion publique et dans la balance des gouvernements, et aideraient au respect et à l'estime réciproques. Ces deux peuples, que trop de choses séparent, la race, la religion, l'histoire, il y a d'autres choses qui les unissent, l'estime, l'intérêt et le bien de la civilisation.

Il y a surtout un besoin que les nations distinguées sentent comme les hommes distingués, celui de se compléter. On peut y satisfaire par le libre échange des arts de l'esprit et de ceux de la matière, de l'intelligence et du caractère, de l'invention féconde et de la patience persévérante. Les spécialités font les cœurs secs et les esprits étroits, partant obstinés et orgueilleux. L'homme normal est un être développé dans toutes les facultés humaines, sensibilité, intelligence, volonté. Les gens vulgaires se défient des esprits étendus, parce qu'ils manquent d'ampleur eux-mêmes. Les natures distinguées et généreuses redoutent les hommes spéciaux. Les spécialités créent des barrières entre les hommes; elles ont tué la conversation. L'éducation générale a toujours été dans le génie de la France, et si un Français se distingue des autres peuples, c'est surtout parce qu'il est l'homme de Montaigne « ondoyant et divers. »

Les ports et les villes de commerce ne sont pas des centres de littérature et de science. Ce n'est pas Rouen, c'est Caen qui est la capitale intellectuelle de la Normandie ; le Havre ne possède pas de Collége littéraire important. Aussi Cherbourg ne s'élève pas en importance intellectuelle à la hauteur de sa population et de son importance matérielle. La science est l'idée générale ; le commerce est l'idée relative et particulière. Rien n'est personnel comme le commerce et l'industrie : la science est impersonnelle dans son essence. Cependant Cherbourg possède deux Sociétés, une Société académique, archéologique et littéraire, une des plus anciennes de la province, et une Société de sciences naturelles, fondée récemment, mais très-vivante et très-active, beaucoup plus que l'autre, image de notre temps. La première publie des mémoires estimables, mais elle a laissé trop dormir dans son originalité et dans son inconnu cette Hague si curieuse, la Bretagne ou plutôt la Scandinavie de la Normandie. Elle a possédé un homme de valeur, bizarre comme devaient l'être les savants autrefois, passionné pour la science, rêveur et bon, signalé par quelques solides travaux sur les lois normandes primitives, avec une grande science d'histoire et de jurisprudence sous des formes rustiques et avec le parler bas-normand, M. Coupey, un souvenir de notre jeunesse, un juge bienveillant de quelques œuvres de notre âge mûr. L'autre Société compte bon nombre d'hommes jeunes et ardents pour l'histoire naturelle et spécialement pour cette sainte botanique dont on n'abandonne jamais le culte, qui vous enlace indissolublement dans ses liens de fleurs. Elle a vraiment la puissance de multiplier les fleurs sous ses pas : les deux arrondissements de la Normandie les plus riches en plantes sont celui de Falaise, depuis que M. de Brébisson l'étudie, et celui de Cherbourg, depuis que ses naturalistes l'explorent.

Cherbourg possède une jolie petite bibliothèque qui se recommande par une originalité qui devrait être imitée partout en province. Les capitales seules peuvent aspirer à des collections complètes : les villes de province ne peuvent compléter que des collections locales, des bibliothèques locales ou provinciales, des musées locaux, des jardins de la Flore locale, toutes choses où le voyageur trouve le résumé des richesses d'une localité. La somme de ces trésors particuliers formerait la science universelle. La bibliothèque de Cherbourg offre donc une collection normande, des livres normands, ou des livres faits par des Normands. L'importance de son musée ferait croire à une ville artistique : l'induction serait en défaut. C'est un enfant de Cherbourg, M. Henry, commissaire des musées de l'Etat, un très-fin connaisseur, quoique Decamps l'ait fidèlement portrait dans son tableau des Singes experts, qui a donné à sa ville natale un musée complet où je vois encore rayonner dans mes souvenirs une magnifique Adoration du splendide Jordaens. Je vois aussi dans sa *librairie*, cet excellent mot que nous avons laissé pour *bibliothèque*, son principal manuscrit, le *Livre des curieuses Recherches*, d'un moine du Mont St-Michel, Dom le Roy, que je dépouillais, il y a vingt-cinq ans, à l'âge où tout est passion, la science aussi, la science d'ailleurs le plus constant des amours. Cherbourg offre donc des éléments d'étude et des groupes de travailleurs; mais ces forces n'ont pas d'unité ni d'impulsion. La France provinciale représente une force immense au point de vue intellectuel et une force plus saine que la capitale, car la province a plus qu'elle le don du travail et le sentiment de la vérité. Si la centralisation, cette organisation essentielle de la France, ce principe tout puissant, par conséquent extrêmement bienfaisant ou extrêmement désastreux, suivant l'idée et les hommes qui sont au centre, si la centralisation organisait les forces intellectuelles de la province, il y aurait là une des plus fortes impulsions données au char du progrès. Or, tout est prêt, les groupes existent dans les innombrables sociétés nées spontanément, qui ne font que des riens ou des œuvres inconnues : il ne s'agit que de lancer l'étincelle électrique.

Au milieu même des fêtes de Cherbourg, splendides de

4

soleil et d'appareil, je quittais les puissances, les foules, les bruits. Encore sous l'impression des caractères les plus élevés de la civilisation de mon temps, par un contraste profond, et non sans charme, j'entrais dans les solitudes d'une terre peu connue et dans les recherches d'un passé lointain et mystérieux. J'allais chercher, dans leur sanctuaire, les traces des Scandinaves, nos ancêtres, — *in penetralibus siti*, — et le nom même du pays, la Hague, ce nom si fréquent des caps en Normandie, était une digne introduction dans des recherches spécialement philologiques. Le patois normand, fils du celtique, du latin, du germanique, servant de lien entre deux grandes langues, le français et l'anglais, depuis longtemps l'objet de mes études, m'appelait dans cette presqu'île sauvage et ignorée, notre Bretagne pour le sol, notre Scandinavie pour l'idiôme: J'étais plein d'ardeur : je m'imaginais que je recréais une langue. Avec mon bâton pyrénéen, souvenir d'un excellent jeune ami, qui devait faire ce voyage avec moi, et qui s'est arrêté aux premières journées du voyage de la vie, portant sur le dos un petit panier de pêcheur, plein de livres et de provisions, je m'engageais dans une de ces belles routes le long desquelles rit et chante la mer *assoleillée*, pour gagner les sentiers montagneux, au flanc des falaises, le chemin étroit des douaniers et des fraudeurs. Il m'aurait fallu alors avoir avec moi les deux Scandinaves que naguères j'avais guidés sur les bords de la baie du Mont-St-Michel, parmi les *Dicks* de nos ancêtres, M. Worsaae et M. Fabricius, le premier qui a écrit un livre très-remarquable sur les vestiges des Normands en Angleterre, le second qui est venu continuer les mêmes recherches en Normandie. J'allais trouver là le monument le plus considérable laissé par les Normands, ce fossé gigantesque qui isolait un sol occupé depuis par dix paroisses à l'extrémité de la presqu'île et qui s'appelle toujours le Hague-Dike ou le retranchement de la Hague. Dès les premiers pas j'entendais un langage énergique, rudement grasseyé, sonore et ouvert, aspiré comme l'anglais, chuintant comme les idiômes germaniques, et je retrouvais là, avec un charme indicible et mille associations, les sons, souvent inimitables à une bouche française, qui frappèrent mon oreille d'enfant et d'adolescent : je retrouvais la patrie. Deux choses constituent surtout le pays, la langue et la nature. Le pâtre alpestre et le pâtre pyrenéen sont frères par les montagnes, comme le Gallois et le Breton le sont par l'idiôme. Là, j'entendais un dialecte assonné en *o, ot, os,* comme l'est souvent le langage de Wace. C'est là que j'entendais, pour la première fois, l'*I* anglais c'est-à-dire l'aï, alors qu'une vieille femme, me racontant une prise de fraudeurs et de *smugglers,* dirigés par un fameux contrebandier, surnommé *le Chat,* me disait : « Qu'ils étaient en praïson. » Je recueillais une ample moisson pour servir à une *Histoire et Glossaire du normand, de l'anglais et de la langue française.* Avec ces accents originaux je trouvais une race particulière, pauvre et dure, grande et forte, à la chevelure blonde ou rouge, où la femme est remarquablement virile et fière. Là pourtant le bétail est chétif; mais l'animal est indigène, l'homme est importé. Dans cette nature austère, le monument est aussi grave : on voit là des églises complètement isolées sur des landes nues ; le presbytère même n'est pas auprès. Le roman, humble et ramassé, domine, et son oratoire le plus remarquable est la fameuse chapelle de Saint-Germain, le grand patron du pays, laquelle paraît remonter aux temps mérovingiens, la *Kirke,* qui a sans doute donné son nom à Querqueville, où elle occupe le coin du cimetière.

La Hague actuelle représente l'ancien diaconné de la Hague composé de vingt-neuf paroisses, dont la plupart ont des noms scandinaves ou germaniques, que l'on reconnaît facilement dans les noms tirés des chartes et des deux Pouillés du diocèse de Coutances, le *Livre blanc* et le *Livre noir*, des XIIIe et XIVe siècle : *Othevilla* (Octeville), *Thorlachvilla* (Tourlaville), *Sceldrevilla* (Equeurdreville), *Waville* (Vauville), *Heldeardivilla* (Héauville), *Noievilla* (Nouainville), *Kerkavilla* (Querqueville), Theurtéville, habitation de *Thor*, selon M. Fabricius ; un hameau, Boguenville a semblé être le *Bojoredivilla* de la charte de Richard II, en 997, c'est-à-dire habitation de *Bior; Direth*, aujourd'hui Flamanville, *Direthaimi*, le holme où presqu'île de Direth, *Geroutvilla* (Grosville), *Fegelvilla* (Helleville), *Bituoldivilla* (Biville), *Flottemanvilla* (Flottemanville).

D'un autre côté, dans ce pays, les noms propres, ces souvenirs vivants des invasions ou des immigrations, offrent un égal caractère scandinave. Les noms les plus répandus dans la Hague se retrouvent dans nos vieilles chartes et sont encore portés en Suède et en Danemark. Quelques-uns en donneront une idée : Herout, Erubert, Ingouf, Risbec, Dodeman, Anquetil, Dequillebec, Groult, Néel (*Niaul*, Nicolas, selon M. Fabricius).

Ce coin de terre, si fortement empreint de la Scandinavie, est le plus convenable de toute la Normandie pour qu'on puisse y rattacher tous les mots qu'ont laissés dans notre province nos terribles ancêtres : c'est à la terre la plus riche en *viks* qu'il faut rapporter les vestiges de la langue des farouches *Vikings* qui s'abritèrent dans le camp retranché, le plus vaste qui existe encore, derrière leur *Hague-Dike*, et qui, par eux-mêmes ou par leurs descendants, représentent une spécialité dans l'ordre de la Providence et du progrès, la navigation.

Glossaire du Patois normand

dérivé des Langues scandinaves.

Les études des patois sont aujourd'hui en grande faveur, et notre Avranchin est riche encore de ces mots, remarquablement frappés, qu'il faut se hâter de recueillir, sous peine de les perdre bientôt. Le patois d'origine scandinave est certainement le plus intéressant, et à ces mots qui se disent encore autour de la baie du Mont Saint-Michel nous ajouterons ceux de la même source qui s'emploient dans la province que les hommes du Nord ont dénommée.

ABET, s. m., amorce pour le poisson; BOITE, s. f., même signification, très-usité à Terre-Neuve; d'où ABÉTER, amorcer; de l'islandais *Beita*, nourriture. Aussi abéter signifiait-il tromper en vieux français.

> Lui ne peut-il mie guiler,
> Ne engigner ni abéter.　　(*Fabliaux*, II, 366)

L'expression populaire embêter quelqu'un, pour le duper, est sans doute une altération de ce mot. A Guernesey, on dit BÉTER, amorcer, et BETTE, amorce. ABLET signifie piége, comme en vieux français *Ablet*, *Ablère*, espèce de filet, qui peut bien être aussi APPLET, en bas latin, *Aploidium*. ABLÉTER, à Vire, signifie se laisser persuader. En anglais *To abet*, exciter, gagner, ainsi que *To bait*, tromper.

AISIÉ, facile ; on a tiré ce mot de αισιος, heureux, qui a peu de rapport de sens ; une base septentrionale est plus probable : M. du Méril le tire du goth. *Azets*. C'est le fr. Aisé, et l'a. *Easy*. De là le norm. MÉSAISE, malaise, MÉSAISIÉ, mal dans ses affaires ; à Valognes, être à MÉGAUGE semble être une forme du précédent, et signifie être gêné dans ses mouvements, d'où nous croyons issu le fr. Gauche, mot assez moderne qui a succédé à *senestre*, et dont on a voulu trouver l'étymologie dans le grec γαυσος, oblique.

ACHAISON, puanteur, dégoût : « Souffrir d'achaison. » Ce mot ressemble beaucoup à *Ache*, malade, en anglo-saxon. On lit dans un récit d'un évêque de Bayeux en 1278 : « par poeur que li peuples les lapidast par acheson de l'empoisonnement dessus dit. » (Ap. M. Delisle, *Cart. Norm.*)

AFFALER, abaisser, descendre, terme de marine, se rapproche du norm. AVALER, descendre, dérivé de *vallis*; cependant sa nature d'expression nautique et sa forme l'associent au danois *Affald*, analogue au lat. *fallere*, d'où l'a. *To fall*, tomber.

AFFLATER, caresser, dans le pays de Bray, de l'isl. *Fladra*, aduler ; d'où le fr. Flatter. FLATTOUR, flatteur.

ARRUNER, arranger, ranger.

> Bien arrunez, pendant jusques au groing.
> (*Chanson norm.*, édition du Bois).

M. du Méril le dérive de l'isl. *Atrynas*, regarder avec soin. De là, du moins, l'expression maritime Arrimer. Il y en a aussi un autre exemple :

> Je saurais m'arruner comme un gentil garçon.
> (Petit, *Muse norm.*)

Toutefois, à Guernesey, ARUN sign. accident et semble être une onomatopée de heurt et d'arrêt. Le mot simple de cette famille est sans doute RUN, l'ordre de succession dans la mouture : « Etre moulu sur un bon, sur un » mauvais run » signifie venir après un bon, un mauvais grain dans l'ordre du moulage. Par métaphore on dit : « Etre sur un run, » c. à. d. sur une chance. DERUNER signifie déranger, et se disait en vieux français. Le Rocquez, poète de Carentan, au XVIe siècle, a employé Deruner :

> De ce grant flot desruné de sa source.
> *(Miroir de l'Eternité).*

ATORI, adj., sali, moisi, très-usité dans l'Avranchin : « Du linge atori, » piqué de moisissure, de taches d'humidité. *Torr*, en vieil isl., signifiait gâté, perdu. (M. du Méril, *Prol. à l'Hist. de la Poésie Scandinave*). Quant à ATORI, fatigué, accablé de sommeil, il pourrait venir du lat. *Torus*, lit. L. du Bois donne la forme ENTURI (Manche) dans son *Glossaire norm.*, et TORER, se salir, se mal habiller, ainsi que MARIE-TOREAU, femme sale, comme on dit Marie Salope.

AULUER, retarder (Vire); AULUE, paresse, de l'isl. *Aulaz*, faire des riens.

BADRÉ (Orne), mouillé ou couvert de boue, comme VATRÉ, dérivé de *Water*, eau, le fr. Vautrer. BADRÉE, bouillie :

> Est pu molle que badreye.
> *(Muse norm.)*

En picard, Badrée a le même sens, et dans le Berry le sens de marmelade. A Guernesey, BADELÉE, plat de soupe. BADRER (*se*) se crotter, se mouiller. VAUDRÉE, patouille de four. Dans l'Avranchin, VÂTRE sign. une mare : c'est exactement le *Water* des langues du Nord. La permutation naturelle des lettres B et V explique ces formes ; aussi dit-on *Baden*, baigner, en all., *Bada* en isl., *Bath* en ang. Les villes de bains sont dites *Bade*, comme *Aix* (aigue, eau) en langue romane.

BAILE, s. m., forteresse et enceinte en-dehors de la forteresse, de l'isl. *Bali*, monticule, en bas lat. *Ballium* : « Les treis beilles du chastel. » (Rob. Grosteste).

> Quar nul nosoit descendre au baele.
> (*Tombel de Chartrose*, ms. d'Avranches).

Il est resté dans les noms d'anciennes cours fermées, comme à Valognes, le Baile-Pinaud. De là le fr. Bail, Bailli, Baillage, et le v. f. Baillie. En picard et en rouchi, *Baille* sign. barrière, parce que le Baile primitif était entouré de palissades. Les parties closes d'une terre s'appellent *Boels* en scandinave : « Tota villa redigitur in portiones quas lingua materna vulgariter » Boel appellant. » (*Sueno., leges Scaniœ*). A Guernesey, ce mot désigne une cour : « Il a des fagots dans l'belle, » sign. qu'il est riche, selon les *Rimes guernesiaises*. Il y avait à Rouen le Baile de la Vieille-Tour ou chapelle Saint-Romain. A Terre-Neuve, la BAILLE est la cuve où l'on met les foies de morue, mais ce mot se rapporte plutôt à BUIE, cruche. Baile est toujours usité dans le Val-de-Saire où l'on dit : « Va te tchuler dans l'baile, » va te coucher dans la maison. C'est en ce sens qu'il s'employait en vieil anglais : « Now within their baile, » (*Spenser*, p. 353), et en écossais *Beil* sign. abri. Aussi ce mot pourrait bien être d'origine celtique : du moins les *Bally* sont très-nombreux dans la topographie de l'Irlande, et le Baileclutha d'Ossian, cette cité sur la Clyde, semble signifier la forte-

resse sur la Clyde ou Clutha ; ainsi, Baile-on-ruan est maintenant Ballinruane, litt. Duvegan's town. Le nom de *Longboel* est
très-répandu dans les vieux documents normands ; M. Delisle
en cite un grand nombre dans ses *Etudes*, p. 397, et il en rapproche les synonymes Longs champs, Longues croultes. Aussi
le Baile scandinave ou celtique est-il resté dans les noms de
beaucoup de communes normandes, tels que Bailleul *(Baillio-
lum*, charte de 1059), Bailly, Baillolet, Bali, Balines, Balleroi,
Bautot, Beauficel, en lat. *Belfuissel (Rôles de l'Echiquier)* ;
Bellière, et peut-être dans les Bellefosse, Bellefontaine, Bellen-
combre (combre, abattis de bois), Bellosanne, Bellon, Belmesnil,
Belon. C'est beau coup plus sûr pour Portbail, qui s'est toujours dit *Portus ballii*. Aux dérivés fr. de ce mot Bail, Bailli,
il faut ajouter le français populaire Bailler, donner, qui prend
au futur une forme originale dans les îles Anglaises :

J'en badrais ben pu d'deux cents francs.

(Chanson jersiaise. *Norm. inconnue*).

BANQUE, s. f., monticule allongé de terre ou de fumier,
comme le fr. Banc. Ce mot, dans le sens de hauteur, rivage,
dans les langues du Nord, dérive, selon Junius, du danois
Bank, battre, du battement de la vague, en ang. *Bank*, bord
de l'eau. De là, BANQUISE, terme des pêcheurs normands à
Terre-Neuve, pour la ligne des glaces sur la mer. BANKET,
s. m., a désigné, selon Stapleton, en Normandie une chaus-
sée : « He also gave the marsh from the pond as far as the
» road called Le Banket ; *id est*, the raised way. » (*Rolls of
the Exchequer*, préf. 1er, 155). Aussi BANQUETTE, s. f., veut
toujours dire levée de terre au bord d'un chemin. BANQUIER,
v. a., disposer des banques de terre ou de fumier. BANQUAIS,

5

navire ou marin qui va pêcher sur le Banc de Terre-Neuve, où le petit banc s'appelle le BANQUEREAU. Ce mot est d'ailleurs consacré, et on trouve dans l'*Annuaire maritime de 1842* : « Etat des matelots à bord des Banquais. » Le normand possède dans BANCELLE le diminutif de Banc, long siège de bois :

> Je n'fus pas à mi bancelle
> Je vis le drap mortuaire.   (*Chanson norm.*)

Et à St-Lo BANQUAILLES, cérémonie d'introduction des mariés dans leur banc à l'église, et BANQUIER, fiancer, et installer les mariés dans leur banc. On rattache à cette famille les mots fr. Banque, Banquette, Banquet. Toutefois, il y a assez de différence de sens entre Banc, monticule allongé, et Banc, siége, pour que nous inclinions à dériver ce dernier du lat. *Abacus.*

BARBACANE, s. f., grosse tour. Ce mot semble venir de l'isl. *Bardi*, bouclier, qui donne au fr. Barde, Bardeau et Bardé. Il y avait une barbacane à Rouen, à Avranches, et dans beaucoup de localités normandes, comme le montrent les textes suivants : « Pro una barbecana facienda. » (Acte norm. de 1203). « In operationibus barbekene de Danvilla faciendis de petra. » (Texte de 1198). « Pro pontibus faciendis de quibus duo fuerunt » in barbechana et 1 super mortuam Euram. » (1198). « Pro » una barbecana facienda (à Gavray). » *Cartul. norm.* p. 128.

BATEL, BATIAU, bateau : ce mot, sous la forme *Bat, Boat*, se trouve dans toutes les langues du Nord. Il se disait en vieux normand : « Cursus aquarum debent esse ita lati et liberi quod » flecta vel batellum monachorum possit ire expedite. » (*Coulume des marais de Troarn.*) BACHOT, petit bateau plat. BACHEROLLE,

s. f., vase en bois pour porter l'eau (*Gloss. n.*). On dit prover-
bialement, dans le Bessin, comme synonyme de grande maison,
grande toilette : « haut batiau , hautes voiles. » A l'isl. *Bart*,
barque, se rattaque BARQUETTE, petite barque ; il y a à Carentan le Pont de la Barquette. *Barge*, du vieux français, resté
dans l'Hôtel de la Barge, à Rouen, avec une barque sculptée ; de là l'anglais *Barge*, et *Barger*, batelier. Il y a une expression nautique normande : « La mer n'était pas bastante »
(Régates du Havre , ap. Jal., *Gloss. nautique*), qui se rattache
peut-être à Bateau, Basteau, c. à. d. propre à porter bateau.
On dit encore en Normandie : « Cette personne est bien bastante, » c. à. d. allant bien, marchant vivement. Nous préfé-
rerions une métaphore maritime à l'it. *Bastare*, suffire, qui
donne le fr. Baster. Du reste l'origine isl. de Barque est d'autant
plus probable que *Barca* se trouve dans Abbon, dans le siège de
Paris par les Normands. L'anglais a *Bark*, dans le sens du fr.
Bàc, qui est le même mot. A cette famille le français associe
Barcarolle, Barquerolle , Batelet. Le norm. BATLIER, batelier,
a donné le vieil anglais *Batler ;* l'a. *Boat* a pénétré dans le fr.
avec Paquebot (*Packet-boat*), et Bot est resté, chez nous,
comme terme de marine. Le BOTTAGE, en v. n. était un droit
perçu sur les bateaux de la Seine. C'est dans ce radical qu'il
faut chercher l'étymologie du fr. Botte, espèce de petit tonneau. Le vieux normand avait un autre mot maritime, signifiant amarre, qui existait encore au XIIIᵉ siècle et qui est resté
en a. *Fast, Fasten*, lier, amarrer ; c'est le suéd. *Faesta :* « La
» nef fermée a kais Rothom..... les dit sergans pucent coupper
» la *feste* ou corde dequoi ladite nef estoit fermée au kai. »
(*Coutumier de la Vic. de l'eau de Rouen.*) Du reste le mot était
dès-lors peu intelligible, puisqu'on croyait nécessaire de le
traduire.

BAUDE, mot resté dans les noms propres Baude, Le Baud, Baudry, de l'isl. *Balldr*, en v. f. *Baud*, hardi, d'où le fr. Ribaud, Ribauderie. Le radical existe à la fois dans les idiômes du Nord et dans ceux du midi; en it. *Baldo*, d'où Ribaldo, en a. *Bold*, hardi, d'où *Bawd*, entremetteuse, par le fr. Ribaude. A Ribaud se rattacheraient les mots norm. RIBOTER, se livrer à la boisson, RIBOTTE, RIBOTTERIE, en a. Ribaldry, RIBOTTEUR, buveur, qui pourraient cependant se rattacher à PIOTER, boire. A Rouen il y avait une cloche dite *Cacheribaud*, qui sonnait vers le soir, comme plus tard sonnait le couvre-feu, en a. *Curfew*. Le Chapitre percevait un droit pendant deux jours « Depuis » l'heure du Cacheribaut du dernier jour de septembre jus- » qu'à... » (Ch. de Beaurepaire. *Vicomté de l'eau*, p. 5). La famille de Baude a plus persisté en anglais que chez nous et on y trouve *Bawd, Bawdily, Bawdiness, Bawdry, Bawdy, Ribald, Ribaldry*. Il ne serait pas impossible que *Bad*, méchant, se rattachât à cette famille. Plutôt à elle qu'au l. *Gaudere* se rapporte le fr. Ebaudir, se réjouir avec excès, en v. f. Baudir, d'où probablement le nom d'une place d'Avranches, *Baudange*, située en avant de la principale porte de la ville.

BEC, mot isl. *Beck*, ruisseau, en all. *Bach*, est très-commun en Norm. pour désigner des rivières ou des ruisseaux, et n'existe plus que dans des noms propres de cours d'eau; mais dans la topographie la préfixion de l'article est un signe infaillible d'un nom commun; aussi y a-t-il le *Bec*, célèbre par son abbaye, ainsi traduit dans la *Chronique* du monastère : « Locus qui dicitur Beccus à rivulo decurrente. » Les Becs abondent dans la Seine-Inférieure et la Manche, comme les localités en *ville*, qui donnent une physionomie à la topographie de ces deux extrémités de la province. Ainsi vous trouvez en H^{te}-Nor^m. Caudebec, ruisseau de Caux, *Beccum Caletensium*, Houlbec, ruisseau profond, Bolbec, ruisseau de la ferme, Rolbec, ruisseau qui roule ou de Rollon. M. du Méril remarque que deux de ces noms locaux se retrouvent en Danemark. Au xiiie siècle, Bec était encore employé comme nom commun : « In curagio beciorum molendini. » (Acte nor. de 1276). Caudebec-lès-Elbeuf offre un curieux exemple de succession de noms : cette localité s'appela *Ugadde*, nom galloromain, puis *Brunent*, nom franc, enfin *Caudebec*, nom scandinave. On peut ajouter les cours d'eau ou lieux suivants : Robec, *Rodobecca* : « A fonte Gaalor usque ad fontem Rodo- » beccœ. » (*Nova. Chron. Norm.* p. 23), Varenguebec, le ruisseau de la Garenne, Bricquebec, le ruisseau du pont, association du celt. brig, pont, et d'une finale scandinave. Par un procédé très-naturel, qui rappelle celui d'Andromaque exilée nommant des cours d'eau, le Xanthe et le Simoïs, Bertrand de Bricquebec, fonda en Angleterre un prieuré qui a un rapport de nom avec son lieu natal, le prieuré de *Brickburn*, le village du pont. Beaubec était latinisé en *Bellus Beccus*. Ce mot avait persisté plus longtemps en Angleterre : *Beek* est interpreté par *Rivulet* dans Chaucer (*Cant. Tales*, t. v, v. 6029 et 6092); il se trouve plus tard encore : « With water of the beek » (*Booke of hunting*, 1586). Les diminutifs existent presque toujours : aussi y a-t-il un certain nombre de Bequet. C'était bien le dérivé du précédent, comme on le voit par le nom de *Beket* appliqué à une dérivation du Robec, appelée maintenant le *Ruissel*, son synonyme latin. Pour établir ce que nous avons dit de l'abondance des Becs dans la Manche, nous pouvons citer trois affluents de la Saire, le Carbec, le Visebec, le Querbec. Ce dernier mot nous rappelle les Bec du Canada, introduits sans doute par les anciens Normands, et dont la ville de Québec est le plus remarquable : il y a aussi Krennebec, litt. le ruisseau de la *grune* ou marécage. Le fr. garde, l'all. *Bach*, ruisseau, dans le nom d'une plante des cours d'eau, la Véronique Beccabunga. Le Robec ci-dessus, en l. *Rodobecca*, sign. le ruisseau rouge (rhudd, rouge, en Danois).

BEC, cap, semble être comme Grouin dans le même sens, un terme métaphorique ; mais comme il y a très-peu de métaphores dans les langues, et que Grouin est le saxon *Grune*, marais, il faut ranger Bec, cap, dans la famille des *Pic, Pec, Pinn, Puy*, qui est le sens de hauteur. Dans ce sens il le dim. le BEQUET. Les Becs dominent sur la côte ouest de la Manche où il y a le Bec-d'Agon, le Bec-du-Banc, le Bec-d'Andaine. Comme il y a aussi des Becs en Bretagne, ce mot est, comme les précédents, d'origine celtique et nous ne le citons ici que pour son affinité apparente avec Bec, rostrum avium. Ce mot semble être à la fois celtique et germanique, puisqu'on dit *Bekki* en isl., bec d'oiseau, et que Suétone donne *Beccus*, en ce sens, pour gaulois (Vitellius, ch. 18). Ce mot engendre en normand une très-nombreuse famille : BECCO, terme enfantin pour bouche, d'où FAIRE BECCO, baiser ; BECCOTER, béqueter ; BÉCOT, s. m., petite bécassine ; BECAR, pou, en Bray, parcequ'il pique, *bèque ;* BECQUIER, becqueter ; BEGAILLER, babiller, comme en fr. jouer du bec ; ABÉQUIER, donner la pâtée avec le bec, en a. *Abecked*, nourri ; BEQUET et BEQUETTES, bec de corbin, en a. *Becket*, patte-fiche, en a. maritime *Beckets*, taquets ; BÉCHER, frapper du bec, comme en v. n., ainsi les petits pelicans « beschent leur père el vis. » (*Bestiaire divin*, v. 535) ; REBÉQUIER, rabrouer ; d'où le fr. Revêche et Rèche ; BÈCHE, employé dans l'expression BÈCHE-VÈCHE, litt. bec versé, c'est-à-dire la tête aux pieds, comme au jeu des épingles, dit BÉQUEVECHIE (Valognes), et ce mot

a pris les formes BÉCHEVEL, BÉJUEL; de BIC-A-COIN, en diago-
nale; BÉCARD, mouton d'un an, à Bayeux, et de deux ans
dans l'Orne; BÉCARDE, vache de deux ans, comme en lat.
Bidens, qui a produit le n. BEDAIN, veau de deux ans; BÉ-
QUILLER (St-Lo), manger lentement; BÉQUET, pointe, d'où
clou à béquet, ou à LANTURLU, et Pomme de Béquet
(Brebisson, *Annuaire de Norm.*, ann. 1841.); BÉCONNAGE,
prise de bec, bavardage : un livre qui a du patois n. et qui a
dit : « mettre le béconnage à prix » s'est mépris : lisez, après,
c. à. d. déchaîner la langue (*Une vieille maîtresse*, p. 370); BEC
A VIS (St-Lo), vis-à-vis; BÉQU, begu, pincé du bec, précieux,
d'où BÉQUENETTE, jeune fille qui fait la précieuse; la truite
saumonée s'appelle BÉGÜE et un glossaire du XIVe siècle explique ainsi *Bechus* : « qui a lonc nes ou noirs. » BECQUE-
RELLE (Gloss. n.) femme bavarde, d'ou en v. f. *Bequerelle*,
mauvais propos, resté dans le nom propre BEQUEREL; BÉCAUT,
BÉGAUT, morceau de bois fendu, comme un bec, qui porte la
chandelle de resine ou *pétoche*, quelquefois appelé JOUREUX,
ce qui porte le jour, ou la VEUE; BEGAUT, qui a les lèvres
saillantes, stupide. Peut-être la locution DE BECCO, c. à. d. dé-
pareillé : « ce bas est de becco » se rattache-t-elle à cette
famille; DE BECCO sign. encore de reste : « un sou de becco » c. à. d. impair, ou comme on dit encore DE TIPPE, à Valognes; BESQUE, bêche : « Besquie quibus foditur in vineis....
besquie que sunt flamengues.... (1297); BECACHE, bécasse, se
trouve aussi en vieil anglais. v. *Halliwell's dict.* La branche
française de cette famille présente Bécard, femelle du saumon,
Bécasse, Bécasseau, Bécassine, Becfigue, Bêche, Bécher, Bec-
quée, Becqueter, Bécune, Bégu, Abecquer, Rebéquer, Béquille,
Béjaune. La branche anglaise offre pour Bec dans le sens de
cap., *Beach*, bord, *Beacon*, balise sur un pont élevé, et pour le
sens d'organe *Beak, Beaker*, sorte de gobelet, *Beaked, Abecked*,

Beck, signe de tête, *Beckets*, patte-fiche, *Beclip*, embrasser. On
ne peut nier l'affinité du l. *Bucca*, et du fr. Bouche : toute cette
famille a pour point de départ une onomatopée, celle de piquer,
frapper le coup sec de l'oiseau prenant sa nourriture.

BEDIÈRE, s. f. (Bray et Pont-l'Evêque), lit et mauvais lit, de
l'isl. *Bedr*, lit; en angl. *Bed*. MÉDIN, s. m. (Mortagne), mauvaise couche. Ces mots du nord se rattachent à l'all. *Bedden*,
sternere.

BELT, mer, détroit, en danois, semble avoir formé le nom
de l'ancien diaconé du diocèse de Coutances, le Bauptois,
en lat. *Baltesium* — « *Pagus qui appellatur Balteis* » (1027). Il
comprenait les Iles normandes, et sa situation justifiait ce nom,
analogue à Baltique et aux différents Belt scandinaves. Par un
rapprochement curieux, en face du Balteis, est le *Sund*, dans
l'archipel de Chausey.

BERTAUD, en v. f., rasé, resté dans les noms propres
norm., dérivé, selon M. du Meril, de l'isl. *Bart*, barbe, et *Aud*,
depourvu :

> Ferus et batus et soillis.
> En croiz tondus et bertaudez.
> *De l'ermite qui s'enivra*, v. 360.

BESOIGNE, besogne ; le norm. se rattache mieux que le fr.
au simple, soigner, et à soin, en v. f. *Soing*, d'où *Besoing*,
besoin. Ces formes donnent beaucoup de probabilité à une
étymologie isl. *Besuini*, inquiétude, et *Soknum*, id, d'autant plus

que les langues romanes n'offrent rien d'analogue. BESOIGNER, donner de la besogne. L'a. n'a pour l'idée de soin que l'expression lat. *Care*, de *Cura*, le f. Cure. SOIGNIER, soigner. Le v. n. *Essoine*, excuse, en a. *Essoine*, qui existe encore dans la langue du droit, a disparu et sign. littéralement hors de soin.

BEUF ; cette désinence de nom de lieu, propre à la Normandie, représente, ainsi que Bot, Bi, By, Boc, Bue, Bye, l'isl. *Bud*, village. Cette terminaison, souvent latinisée en *Botum*, *Bodiun*, *Boe*, dans les chartes : « Dalboe » Darbeuf, (XIIIe siècle). Ainsi on peut citer comme specimens Belbeuf, Coulibeuf, Quillebeuf, commune, et Quillebeuf, rocher près de Barfleur, St-G. de Tournebu, Carquebu (village de l'église), Colomby, Bus-St-Remi, le Buat, Buais, But-sur-Rouvre, St-Maclou-du-But, St-Pierre-du-But, Butot, Quittebeuf (Eure), autrefois Witebof ; Mesnil-Bœufs, Elbeuf (village de la rivière) ; les Beuf dominent en Haute Normandie et sur le bord des eaux. Bye se trouve dans Hambye, et à Hougue-bye, à Jersey, aujourd'hui Princess' tower. By est une terminaison locale commune en anglais ; c'est le même mot, et le *Good by* des Anglais est interprété par Holt White en Good house, c. a. d. may your house prosper. Employé comme préfixe, *By* ajoute l'idée de lieu écarté, comme sont les villages, ainsi *By-path*, sentier écarté, *By-road*, chemin de traverse, litt. chemin de village. By se retrouve dans une foule de noms de lieu en Suède et en Danemark.

BIGOT, mot d'origine scandinave, resté en fr. et en norm., fréquent dans les noms propres, et suffixe de la commune Raüville-la-Bigot. C'est le sobriquet injurieux que les Français

6

appliquaient aux Normands dont le cri de guerre, *By Got*, était l'expression favorite, et ce cri fut remplacé par *Dex aïe!* Dieu aide! De là vient peut-être, si ce n'est de *Goddam*, le sobriquet Godon, donné plus tard aux Anglais par les Normands au xve siècle, comme on le trouve dans une chanson attribuée à Ol. Basselin, du ms. de Bayeux :

« I sont allés devers leur roi Godon. »

L'explication historique de Bigot se confirme par ce que dit G. de Nangis, que les Normands, désirant se faire chrétiens, s'écriaient : Bigot! Bigot! Bigotin, petit bigot. Le fr. dérive de cette racine Bigoterie, Bigotisme, et l'a. *Bigot, Bigotry, Bigoted*, ce participe rappelle le n. Bigoter, faire le bigot.

Bine, s. f., panier en natte, ruche (Avranchin) : en vieil angl. *Bin*, sign. enclore. V. *Richardson's Dict*. Skinner dérive ce mot de l'anglo-saxon *Pyndan*, enceindre. De Bine viennent Bingot et Binguet, grande manne en natte; Bingot sign. encore le panier ou la boîte où s'agenouille la lavandière. Comme on élève les poussins dans ces nattes, on dit prov. « Heureux comme un poulet dans un bingot. » Le n. *Bine* a donné l'a. *Bin*, huche.

Biquot, chevreuil (Avr.) « Saoul comme un biquot. » Bique, chèvre, fr., mais tombé en désuétude. Biqueterie, mot du Maine, sign. primitivement loge à bique et par suite maison de campagne, comme *Bastide* dans le midi; ce terme manceau a été appliqué à une maison près d'Avranches. On disait *Becquerie* en v. n. « Les ainsnez des becqueries, bou-

veries et porqueries sont frans ès feires de Montore » (Livre
des Jurés). Cependant ce mot peut aussi sign. Bergerie (V.
Berca) Le fém. Biche a produit Bichon, petit de la biche ou de
la chèvre, à Pontorson, Biton. « Tête de Biton » y veut dire
tête de chèvre. BOUQUET (Granville), grosse salicoque; ailleurs
CHEVRETTE. BOUBIQUE, hermaphrodite, m. et f. comme le
franç. équivoque, litt. Bouc et Bique, ce que les anglais appellent
John-and-Joan; de là, par métaphore, dans l'Orne, BOUBIQUE,
mélange de poiré et de cidre. BOUCAUT, petit bouc. Ces mots
appartiennent à la famille germanique où Buck sign. en général
le mâle des animaux sauvages à cornes; en isl. Buck, bouc,
dont le fem. est Bikja; en all. Bock; en a. Buck, chevreuil.
BOUCAN, tapage, orgie « Faire le boucan, » semble être une
on.; mais ce mot sign. aussi lupanar (de Lupa), et boucan avait
ce sens en v. f.

BISQUIER, être en colère, enrager, de l'isl. Beisk, en colère,
et Beiskiaz, enrager. BISQUE, s. f., colère concentrée. Bisque
dans les Vaudevires de Basselin sign. un avantage de quinze
à la paume. Ce verbe se dit en Picard, dans le Nivernais, dans
le Berry, et d'ailleurs est populaire. Les gamins chantent en
agaçant leurs camarades :

   Bisque, bisque, bisque,
   — Bisque, bisque, bisque-t-i!

BLAGUE, s. f., vanterie, mensonge, peut-être de l'isl. Blak,
vent léger, de la BLAGUIER, BLAGOUS, le populaire Blagueur.
On appelle Blague, s. f., un sac à tabac, ordinairement en
vessie de porc.

BLIÉ, s. m., blé, bas lat. Bladum, de l'isl. *Blad*, feuille, de même en all. *Blade* et en angl. *Blade*, c'est-à-dire la feuille par excellence. De la *Bletier*, s. m., marchand de blé, et *Blâtrier*, en v. a. *Bladier*. BLIÉNEIR, blé noir, le sarrasin ou CARABIN; GROS BLIÉ, le froment : ce mot très-souvent cité dans les documents normands et opposé à froment : « Sex sextarios bladi, scilicet de frumento et tres de grasso blado » (*Etudes*, p. 321), et que M. Delisle propose d'interpréter par méteil, ne peut guère s'expliquer que par l'admission de deux espèces de froment. Le *Mancor* et *Mancorn*, cité par le même auteur, et qui sera peut-être aussi pour lui le Méteil, signifie la même chose que gros blé : il en est la traduction saxonne, *Main corn* : « 19 acres de froment, 80 de mancor, 20 d'orge et 10 d'avoine » (*Cartul.* de St-Et. de Caen pour ses biens d'Angleterre) — Quatuor acras in Bescumba duas scilicet de mancorn' et duas de avena. » *Rot. Chartul.*, p. 14, *Etudes*, p. 320.) Le mot Blâterie existait en vieux normand : « Le fermier du boissel de la blasterie du marchie dudit lieu payoit 12 sols tournois. » (*Reg. de la Haye-du-Puits*, 15ᵉ s.) *Embleier*, v. a., emblaver. *Blerie* (Hte Norm.), champ de blé. L'a. *Blade*, lame, se tire du rapport de forme, comme le f. Glaieul de gladiolus.

BOLLE, s. f., jatte, écuelle, de l'isl. *Bolli, tina*, ce mot absent du fr. existe dans plusieurs langues : *Bowl*, écuelle, en angl.; *Bol*, en all.; *Balla*, en it.; *Bolla*, en esp. Il faut ajouter l'a. *Bole*, mesure de blé.

BOLL, habitation en norwégien, forme vraisemblablement Bolbec, Bolleville, la Bouille, Bouillon, Bouleville, Boulon, la Boulouse, &.

BOME et BOMERIE. Le mot BOME, corrompu de l'ang. *boom* est le nom qu'on donne à la grande voile d'un bot ou de tout bâtiment gréé en bot ou bateau. On donne sur mer et principalement sur les côtes de N. le nom de *Bomerie* à une sorte de contrat ou de prêt à la grosse qui est assigné sur la quille du bâtiment (en flamand *Bome*), *Dict. de la Conversation*. En a. *boom*, mât; *To boom*, aller à pleines voiles.

BONDE, limite, se disait en vieux nor., resté dans les Bondeville, et peut-être Bons, &.; son sens primitif était village. « Le mot de *Bondage*, en langue normande, exprimait ce qu'il y avait de plus misérable dans la condition humaine; pourtant c'était un dérivé du mot anglo-danois *Bond* qui signifiait cultivateur et c'est en ce sens qu'on le joignait au mot saxon *Hus* pour désigner un chef de maison *Husbond* ou *Husband*. » (A. Thierry, *Hist. de la Conq.* IV, 368). « Les Normands francisant d'anciens noms saxons appelaient *Bondes, Cotiers* ou *Cotagers* les vilains de la campagne. » (Ibid. IV, 367.) Aussi *Bond* signifiait-il village en anglais; Shakspeare appelle *Bondog*, un chien de village; et dans l'anglais actuel *Bondage*, servage, *Bondman, Bondslave, Bondservant* gardent cette racine. Comme exemple de *Bonde*, limite, en v. n. nous citerons un passage d'une charte de 1282 : « De Rouge Saus jusques au Blanc Rolle.... entre les bondes dessus dites.... as bondes assises entre le prei... et le prei... *(Vicomté de l'eau,* p. 162). Naturellement *Bonde* signifiait aussi Balise.

BORDIER, qui habite sur une limite, de l'isl. *Bord*, en a. *Borderer;* en vieux n. *Borde*, habitation sur la frontière et petite et chétive maison, d'où le f. Bordel, resté en a. BORDIAU, (Baie du M. St-M.), flaque d'eau laissée par la mer dans les grèves, près du rivage. BORDILLER (Bray) être sur la limite : « 1 bordille 60 ans. » Il y a à Pontorson la rue des Bordiaux, petites maisons le long du Couesnon, à la limite de la Norm. Les marins disent : « A bord de nous » pour « à notre bord » (Jal. *Gloss. nautique*); mais Bord dans ce sens signifiait originairement planche, bois, comme le *Board* anglais. *Skibsbord* en danois repond à *Shipboard* de l'anglais. Il y a sans doute un rapport entre *Boat*, bateau, et *Board*. Le terme manceau *Bordage*, ferme ou métairie, est usité à la frontière normande. A Valognes, on dit BORDAIN pour BORDIER.

BRIME, brume, vient moins de l. *bruma* que de l'isl. *Brim*, ressac, mer qui brise et pulvérise l'eau, en anglo-saxon *Brim*, mer; en holl. *Bryn*, eau salée. C'est à ce radical qu'il convient de rattacher un terme des salines de l'Avranchin, BRINE, l'eau salée retirée des sables marins, saumure. Dans les *Eclaircissements* de Palgrave, *Saltwater* est traduit par *Bryme*. Le mot existe en a. où *Brine* sign. mer et saumure, et *Brinepit* sign. saline. Nous ne croyons pas à l'étymologie de Richardson qui tire *Brine* du vieil a. *Brin*, brûler, parce que le goût du sel est brûlant.

BRINDI, BRINDLÉ, BRINGIÉ, bringe, se dit des bêtes bovines au pelage tacheté de brun, de même en a. *Brinded, Brindled*. Richardson dérive ces mots de *Brenned*, issu de *Brown*, le f. brun. « Pour un aumeau bringé 30 s. acheté à la même feire. » (*Compte de Bayeux*, 1507). Cette famille du fr. Brun, Brunir, est peut-être l'a. *Burn*, brûler, de même que *To sear*, brûler, dessécher est la syllabe forte de roussir. Il y a en N. beaucoup de BRUNEL, et Sir Isambart Brunel, l'auteur du Tunnel de la Tamise, était normand. Il y a aussi des BURNEL. C'était le nom de l'âne dans le cycle de Renard : « Dan Burnel the asse. » (*Cant. Tales*, v. 15,318), comme Renard était appelé *Russell*. M. du Méril cite ces mots d'un paysan à son âne : « Avant, Brunel, de cestui estes vous quittes. » (*Fable Esopique*, 127). Ce mot appartient à la nomenclature teutonique de ce cycle, ainsi que *Richard*, nom de la pie en N. selon D. Huet (*Or. de Caen*, 322), et Bernard, nom que le renard reçoit quelquefois, est peut-être une variante de son nom précédent. BUNETTE, fauvette, en bas lat. *Burneta* : « De cucula quæ ponit ovum in nido burnetæ. » (*Fable d'Odo de Cerington*).

BRU, s. f., nouvelle mariée, *Brud*, en isl.; BRUMAN, le nouveau marié, litt, l'homme de la bru, en isl. *Brudman*, garçon de noce, ce qu'on appelle en N. garçon d'honneur. Ce mot se disait en v. n. :

Le bruman pensa sagement.
(Tombel de Chartrose.)

Il est dans la *Muse norm.* :

Et les garchons assistent le Brument.

Brud a beaucoup de rapport avec le lat. *Nurus*. La citation de ce mot *man*, essentiel aux langues germaniques, fournit l'occasion de présenter les mots n. où ils se trouve : BREMAN (Seine-Inf. et Calv.), porte-faix, appartenant à une association du moyen-âge dite des *Francs-Bremans*, ou *Bergue* à Rouen, dérive de *Ber*, porter, en a. *Bear*. Le *Bremenage* était un droit sur les vins déchargés de la rivière d'Andelle. *Brement* prit dans la suite le sens de charge, d'embarras, et Cotgrave a cité dans son *Dict. anglo-normand* : « Il n'a ni enfants ni brements. » On trouverait peut-être encore un mot commun dans les épopées normandes, *Esturman*, pilote, de *Stior*, gouvernail : « Godofridus esturman. » *(Rôle de l'Echiquier de 1198)* :

Esturmans è bons mariniers.
(Rom. de Rou.)

mot que Pluquet a traduit à tort par matelot : C'est le *Styrman*, danois, le *Steersman*, anglais, et *to steer* sign. gouverner. Le français possède Bosseman, en all. *Botsmann*. On trouve encore un nom du nord dans les *Rôles d'Oleron*: « Un bachelier est lodeman d'une nef, » c.-a.-d. aussi pilote, de *Lead*, conduire ; on le trouve plus francisé dans un autre ms. de ces Rôles. « Un lamen prend une nef à mener à St-Malou ou ailleurs. » C'est le terme actuel de pilote lamaneur, et en a. *Loadman* sign. pilote côtier. LEMAN, bandit, pirate, est le même mot. Les noms propres n. offrent LILMAN, litt. insulaire, DODEMAN, qui renferme peut-être l'a. *to dodge*, vigier, observer. Il serait possible qu'on trouvât encore en N. *Briaman*, qui est picard et anglais, dans le sens de mesureur, hybride fait du celtique *Bria*, mesure. *Ileman* s'employait en N. sans doute pour désigner les habitants des Iles N. comme l'indiquerait ce fragment d'un registre de la cour des comptes de 1455 : « Puis nagaires et de nouvel les aulcuns des yslemans desobéissant et tenant le party contraire au roy jusques au nombre de six ou seit estoient descendus ès parties de devers Grantville et d'illec venus espiant le pays jusques environ le havre de Carteret comme manière de brigands. » FLIA-

MAN, homme de la Flandre est commun dans nos noms pr. ainsi que le BARBANCHON, l'homme du Brabant, et HANOIR, HANUYER, l'homme du Hainaut, et dans les noms locaux : il y a à Tourlaville la chapelle ès Fliamans, le Roquier des Fliamans, le port des Fliamans; il y a dans le même quartier Fliamanville, nom de paroisse qui a prévalu sur l'ancien St-Germain-de-Direth (*Direthami*), du fief de Direth où l'église fut assise : *Flotteman*, marin, est resté dans Fliottemanville, nom de deux communes de la Manche. Le suffixe *man* se trouve encore dans les communes Mesnil-Herman (le guerrier), Mesnil-Vineman (le vigneron). Les localités dites Osmanville semblent représenter le nom des chartes irlandaises *Oustmanni*, les hommes de l'est, Ost-men, c'est-à-dire les colons ou les envahisseurs scandinaves. Dans son curieux livre sur les traces des Normands en Angleterre, M. Worsaae dit : « The Norwegians erected in every city a town of their own, surrounded with deep ditches.... They built a rather extensive town near the old city of Dublin which obtained the name of Ostman town, in latin, villa Oustmannorum. » V. aussi un article de M. H. Hore, *Ulster Review.* Nous n'avons plus à parler des Northmans, que pour dire qu'à la lisière bretonne c'est un sub. com. pour désigner un marchand de bestiaux, et que dans la langue maritime anglaise, *Norman* désigne le petit tournage d'un vireveau. Les pêcheurs n. de Terre-Neuve disent en langage hybride « un bon man, » un bon homme. Tacite connaissait ce mot, sinon sa signification : « Truitonem deum, terra editum et filium Mannum, originem gentis. » (*Germ.* 11e chap.) On en peut dire autant de Germain, whehrman, homme de guerre. Dans ses sympathies latines, Roquefort ne fait pas même grace à *man*, qu'il tire de *Mancipium* (*Glos. de la langue rom.*) A la famille de *man* semble se rattacher le f. Mannequin, de l'a. *Mannikin*, nabot, litt. petit homme, d'où dérive *Monkey*,

7

singe, en all. *Mœunchen*. En Picardie les sonneurs de cloche s'appellent *Cloquemans*. LEMAN, se disait dans le sens de bandit : c'est une abréviation de *Outlawman*, littéral. hors la loi, le banni, d'ou le fr. Bandit. Le n. primitif, celui des lois du Conquérant, avait adopté ce mot et appelait le proscrit et le voleur, *Utlag* et le pillage *Utlagarie*. Le vocable *man* peut aussi bien être revendiqué par les dialectes scandinaves que par les idiômes germaniques : ce que la *Chron. de N.* exprime ainsi : « Man, selon le langage d'Allemagne et de Dannemarc, est à dire en françois homme. » (p. 14.) Il y a un mot n. qui ne lui ressemble que par la forme, c'est le MAN, larve du hanneton (Calvados), ce qu'on appelle dans l'Avranchin CHEVRETTE, de son rapport avec le crustacé de ce nom, TAC, à Valognes et à Vire CHIEN DE TERRE. On devrait peut-être écrire *Mant* : du moins il y a un coléoptère qu'on appelle *Mante religieuse*.

CALÉ, bien établi, dans l'aisance, terme dérivé de Cale, fond du navire, en isl. *Kial*, et morceau de bois qui sert à consolider un objet en-dessous. De là l'a. *Kelson*, carlingue, litt. Calaison. CALOT, fonds de réserve, proprement, déposé à fond de cale.

CANT, côté, de l'isl. *Kant*, côté, « mettre de cant, » c'est placer de côté, ou comme dit le français sans raison, de champ; aussi trouve-t-on dans le mém. de Vauban sur Cherbourg : « une assise posée de camp. » De là CANTER, pencher, incliner un vase pour verser, d'où le fr. Décanter, l'a. *Decanter*, flacon, et le fr. pop. *Cantine*; CANTEL, morceau de pain coupé de côté, et quelquefois le pain lui-même, en vieil a. *Cantal*, morceau. (*Canterb. Tales*, v. 3010); CANVERSER, en Bray, sig. verser de côté; en Basse-Norm. CANTOURNER se dit du pied qui tourne et CHANTOURNER, en menuiserie, sign. arrondir le bois. *Acanter*, se disait en v. n. pour verser, renverser :

« Ceulx qui laissent aquanter
L'honneur de la crestienté. » (Tombel de Chart.)

Il y avait aussi *Aschanteler*, en vieux fr.

« Hurte la bien, si l'aschantele. » (*Partonopeus de Blois*.)

C'est ainsi qu'on dit en provençal : « Escantil la candela. » De *Chantel*, morceau, vient le fr. Echantillon.

CAPON, poltron, de l'isl. *Kapun*, gallus eviratus, en fr. Chapon. CAPONNER, faire le poltron; CAPONNERIE et CAPONNADE, poltronnerie. COPIN, en H^{te}-Norm. désigne un chapon :

> «Su men fumier encore
> J'nourris un gros copin.   (*Muse Norm.*)

M. Chassant interprète ce mot par dindon et le tire du Jésuite Copin qui introduisit cet oiseau.

CAQUILLE, échine de porc, sans doute primitivement, porc salé, mis en caque, du suédois *Kagge*, baril, en a. *Cagg*.

CHALUT, espèce de filet, se rattache sans doute à CHELOUP, *Sloop*, terme des langues du Nord; CHALUTER, pêcher au chalut. Chaland, bateau plat employé sur les rivières normandes : c'était sur des chalands que les Normands remontèrent la Seine pour aller assiéger Paris. Achalander paraîtrait peut-être s'y rattacher; mais il vient mieux de *Chalant*, en v. f. *Châloir*, s'intéresser.

CHORER, marcher lentement de souffrance, couver une maladie : *Korra* sign. en isl. respirer difficilement. Dans l'Avr., CHORER s'applique aux poules malades; à Brecey, CHEURÉ, usé, misérable, d'où CHEUTRIN, vieux meuble. CHORER sign. encore sommeiller péniblement.

CO, coq; ce mot onomat. qui vient du nord où *Kock* sign. coq en isl., a remplacé en fr. le *Gau*, *Gallus* des Latins, et engendre une très-nombreuse famille en N. COCOTTE, poule. COCOTTE, maladie des pieds chez les animaux. COCOLICÔ, chant du coq. COCOLINQEUX à Villedieu, Lychnis dioïque, rouge et découpé comme la crête du coq; au Sap COQ. EPICOCURE, s. m. *(Gl. N.)*, le Cynosurus cristatus, litt. l'épi de coq. COQUET, petit coq, d'où le fr. coquet, coquetterie. COQUET (Gr.), coq de clocher. PERLICOQUET, s. m. (Val.), petite glane en forme de crête de coq : les Anglais appellent *Cock* une javelle de céréales dressée debout. COCHEVIS, s. m., l'alouette huppée, litt. visage de coq. COCO, mot en-

Tantin, œuf, d'où le français Coco, fruit du cocotier, et Cocotier, petit vase qui porte l'œuf cuit. Cocrète, litt. crête de coq, le Rhinanthus crista galli. Coquetier, marchand d'œufs, en v. f. *Coconier*. Coquier, faire l'*atto*, action du coq sur la poule, d'où Coqueur; il y a en B.-N. beaucoup d'hommes du nom de Le Coquerre. Recoquet, oiseau de la seconde ponte. Codaquer (H^te-N.), crier comme la poule qui vient de pondre. Cochelin (Orne), gâteau long, primitivement en forme de coq, ou comme on l'appelle à Valognes, Bourette (cane). Cocoter, glousser autour des poulets. Encoqueté, vif comme un coq : on dit d'une figure rouge de colère : « Rouge comme un co; » le *Gl. n.* dit Acoqueté. Cocatrer *(Gl. n.),* chanter comme le coq. Les anciens dim. de coq, *Cocherel*, *Cochereau*, *Coquereau* ne sont restés que dans les n. p. Pico, dindon, en a. *Peacock*, paon. Pico, s. m., javelle debout; en a. *Cock*. En v. n. *Vico*, bécasse, et aussi *Videcoq :* il y a devant Granville une basse dite la Videcoq; en a. *Woodcock*, bécasse, litt. coq de bois. On dit dans l'Av. que « jeter un co blanc derrière le Mont Saint-Michel » fait parler les enfants muets.

COLLE, s. f., fourberie, mensonge; en v. a. *Coll* sign. trompeur:« A coll fox, ful of sleigh inequitee. » (Chancer. *Cant. tales*, v. 15,224). « Cole prophet and colepoyson thou art both.» (Heywood. cent. 6, ep. 89).

COTTE (H^te-N.), s. f., jardin autour de la maison, de l'isl. *Kot*, chaumière; d'où le v. n. Cottage, habitation avec jardin; l'a. *Cottage*, chaumière. Cotie, rangée de maisons. Cotin, s. m., maisonnette, comme en v. f.:

« En son cotin od li entra. » (*Rom. de Rou*, v. 6,808.)

COTTE, en H^te-N., a aussi le sens de champ : « Les cottes à vignes eschangez en gaquières. » *(Muse n.,* p. 56.)

COTTE, à Guern., étable. Il y a un Cotin près de Vire qui figure dans le poème en patois, par Lallemant, la *Campenade*. En Pic., *Cottier* sign. possesseur d'une maisonnette de campagne, et l'a. possède *Cottier*, habitant d'une chaumière. Le n. p. Cottard est commun en B.-N., en b. l. *Cottarius*. Toutefois, cette famille pourrait bien partir du breton *Koat*, bois, d'où vient le f. Cotteret. Il y a à Vauville une lande des Cottes, où se trouvent des vestiges de campement, des tumuli.

CRÈQUE, crique, en a. *Creek*, de l'isl. *Kring*. Ce mot on., qui exprime craquement, déchirement, se disait *Crique*, en v. n. : « Liaue de Seine aboutissant d'un bout aux marescs a l'abbé de Fescamp et de l'autre bout à la crigue de Vateville. » (Acte de 1336). Le dim. est dans la crique de Jobourg, dite la Créquiole. On trouve aussi dans la Hague, Craquevik, litt. baie de la Crique. Il y a aussi Criquebeuf, Criquetot, Criqueville, les Créquiers, la Crique-sur-Bellencombre.

CRO, croc, de l'isl. *Krok*, uncus, racine on. CRIOCHE, s. f., bâton recourbé, d'où l'a. *Cricket*, bâton à crosse qui a donné son nom au jeu de *Cricket*. CROCHER, CROCHIR, rendre crochu. « Crochir l'œil, » cligner en signe d'intelligence avec quelqu'un. ACCROQUIER, accrocher ; DÉCROQUIER, décrocher.

DALE, vallée. Ce mot, qui subsiste en a. et qui dérive de l'isl. *Dal*, même sign., ne se trouve plus en N. que dans des noms de lieu, exclusivement en H.-N. : Dippedale (profonde vallée), Becdal (ruisseau du vallon), Bruquedale, arr^t de Neufchâtel (val de la Bruyère ou du ruisseau, *Brook*, visible dans Broquebeuf, prieuré de Blanchelande), Cudale vis-à-vis d'Honfleur, Oudalle « *decimas salinarum de Hulvedala*, » Crodale, arr^t de Neufchâtel. En N. et en Allemagne, ce mot est devenu

Tal, Thal : ainsi l'Inkthal, l'Etchtal sont les vallées de l'Inn, de l'Etsch. Ainsi chez nous Darnetal, appelé Danestal (vallée des Danois) dans la *Nova N. Chronica*, p. 33. Si *Dale*, vallée, qui se disait en v. f., ne se dit plus en N., il a laissé d'assez nombreux dérivés : DALLOT, petit canal, égout ; DALLER, uriner ; DALLÉE, mare d'urine ; DARRE, s. f., ventre, d'où DARU (Gl. N.) ventru ; DARRÉE, le contenu du ventre :

> Vos avalais par tro de vilaine darrée.
> (*Petit. Muse Norm.*)

BERDALE, s. f., femme qui aime à boire, litt. dalle, ou dallot à bère. DALOT, à Dieppe, s'applique au trou ouvert sur un pont pour l'écoulement de l'eau. Le fr. Dalle sign. primitivem¹ la large pierre qui couvre un égout. On représente ainsi, en patois n., une personne mouillée jusqu'aux os : « J' n'avais fi (fil) d' sé (sec) sus l' corps : la raile du tchu me servait de dallot. » Comme preuve de l'existence en N. du subst. *Dale*, vallée, nous citerons un vers du Mystère de Robert-le-Diable :

> Par dales Robert s'est plongies.

DAN, s. m., mare, abreuvoir (littoral de Cout.), en a. *Damp*, humide, en all. *Dampfein*, exhaler, évaporer. Ce mot Damp se trouve dans beaucoup de noms locaux : Dampmesnil, les Damps, Damville, Dançourt. Hasdans est l'ancien nom de Pont-de-l'Arche. Un historien du XIᵉ siècle a écrit qu'au temps de Rollon les N. stationnaient avec leurs navires « *apud Hasdans quæ Archas dicitur.* » Les Damps est maintenant une paroisse succursale de Pont-de-l'Arche, et l'emplacement de l'abbaye de Bonport est appelé Mare-ès-Dans dans la charte de sa fondation. Le *Dan* n. existe dans le Suffolk, où *Dam* sign. un marais (Halliwell's *Dict.*) Le dérivé de DAN sur la Baie du M. Sf-M. est DENER, mouiller.

DANE, danois, en angl. *Dane*, d'où *Danewort*, l'hièble
dont les fruits couleur de sang symbolisent pour le
peuple la sanglante invasion des Danois. Ce nom
générique des Scandinaves ou Northmans, resté an-
nexé à quelques noms hist., Ogier-le-Dane, Ansfroy-
le-Dane, dit aussi le Gotz ou le Goth, forme qui révèle
la prononciation du Th, subsiste dans beaucoup de
nos noms topographiques dont nous avons cité quelques-uns dans notre Introduction aux Origines Scandinaves, tels que la Danerie, Danestal, ancien nom de
Darnetal, Denneville. Cette dernière localité, que nous
avons particulièrement étudiée, confirme l'étymologie
de son nom par le type de ses habitants, généralement
blonds ou rouges, par des termes scandinaves nombreux, *Dam*, mare, *Houguebie*, dune de son rivage,
fliondre, poisson, *Tingre*, fort poisson plat, sans doute
le *Tongars*, jusqu'ici inexpliqué du *Rom. du M. S. M*
(Ms. de sir Fr. Palgrave.) &.; mais surtout par les noms
propres, Ygouf, Mauger, Regnault, Ozouf, Néel, Gor,
Regnier, Hostingue, Devic, &. Le nom d'Ansfroy-le-Dane
nous met sur la voie de son successeur Hugues-le-
Loup, appelé « Li quens Huons » par G. Gaymar,
« Huges li quens de Cestre » par Benois. (Chron. t. III,
v. 311.) et sur la voie d'un nom de notre vieille langue,
issu des idiômes du nord, *Quens*, se rattachant à *King*,
Kœning, roi, litt. le sachant, l'habile, en anglo-saxon
Cyng, de *Cennan*, savoir, pouvoir, d'où l'a. *Cunning*,
adroit, ingénieux, et *Queen*, reine.

DEBLIÊMIE, s. f. (Guern.), la petite centaurée,
employée contre les pâles couleurs et la fièvre, du N.
BLIÊME, blême, de l'isl. *Blemi*, pâleur. On dit « Bliême
coume une fache de querême. »

DIEPPE, ce dérivé de l'isl. et suéd. *Diup*, profond, en
a. *Deep*, id., d'où *To dive*, plonger, se dit de la vallée

et de la ville de Dieppe et se trouve dans Dippedale, litt. profonde vallée. C'est à *Diup*, sinon au celtique *Dour*, eau, qu'il faut rattacher DOUVE, s. f., fossé profond plein d'eau, usité en B. N., d'où la DOUVE, plante des fossés, la grande et la petite, Ranunculus Flamma et Flammula, et comme elles sont funestes aux bêtes ovines, on dit qu'elles sont DOUVÉES, quand elles en ont mangé. Le f. Douve dérive de *Diup*, profond, ainsi que son dim. Douelle, que le n. ne contracte pas, DOUVELLE.

DICK, s. m. fossé et rempart, né se trouve plus que dans les noms de lieu : il y a à Carentan le *Haut Dick*, à Vains, près d'Avranches, le *Dick*, ou Fossé du Diable, rempart encore considérable, et surtout dans la Hague, ce fossé qui isolait la pointe de la presqu'île, le *Hague-Dick*. Dans le pays de Galles, il y a un retranchement qui s'appelle *Vat's dick*. Beaucoup d'indices portent à penser que ces divers retranchements sont l'ouvrage des Normands, et nous avons traité cette question dans l'*Avranchin monumental et historique*, art. Vains. Du reste, c'est sur les bords de la baie du Mont St-Michel, bords généralement endigués, que les *Dicks* sont les plus multipliés. M. L. Delisle, en a cité un très-grand nombre mentionnés dans les chartes : « Medietatem de discis qui noviter facti sunt. » — « Disci marini in marisco de Varavilla. » « Discus Radulfi. » « Eu diquet as Barnevilleys. » « Unam acram au dic du Motay. » *Dick*, dérivé de *Dig*, a donné Digue au franç. On dit en ang. *Dike* et en danois *Dige*. Il y a en Écosse un rempart appelé *The Danes' dyke*, et on y voyait autrefois les restes d'un autre camp danois, nommé *Norway dike*. Le *Hague-Dick* avait donné son nom à un tribunal du Hague-Dick, qui de temps immémorial siégeait à St-Germain-des-Vaux. D'après un texte ci-dessus, on voit l'existence

du dim. DICKET : il y a le Long Dicket à Auderville.
Dans cette Hague où vous trouvez le Hague-Dick, vous
trouvez, outre les nombreuses familles de Digard,
Digulleville et Digosville, qui semblent renfermer cet
élément. Du reste, Dick dérive de *Dig*, piquer, creuser,
en a., en n. DIGUIER, piquer ; DIGOUILLE, bois aiguisé,
DIGARD, id., autrefois éperon, DIGUEUR, qui pique, en
ang. *Digger*. De là, le franç. Dague.

EDEL, mot scandinave, sign. noble, en v. franç. *Edel*,
illustre, est resté dans les n. pr. de N. Il y a des Édel à
Cherbourg. Le dim. *Edeling* subsiste aussi dans le n.
pr. EDELINE, ADELINE. Le nom communal Mesnil-Adelée
renferme aussi une forme de cette expression. Elle
existe en Angleterre dans le roi Athelstan, et en N.
dans le prén. assez rare Edélestand, par ex. Edélestand
du Méril, le savant linguiste qui semblait prédestiné
par son nom à ses études sur la littérature scandinave.

ELF, rivière en scand., commun en Suède et Norwège dans les noms de lieu, par ex. *Dal-Elf*, rivière
de la vallée, semble entrer comme un des éléments de
quelques noms topographiques en N. : Néaufles-St-
Martin, Néaufles-sur-Rile, Neauphe-sur-Dives, Neauphe-
sous-Essai, localités situées sur des cours d'eau et qui
semblent unir, par une hybridation commune dans les
noms de lieu, le celtique *Noe*, lieu humide et le sc.
Elf, rivière. La dernière localité est dite *Neaffa, Nealfa*,
dans un diplôme de Henri Ier, de 1128, *Nealpha* en 1199
(du Bois. *Itin.* de N. 524). Il est même probable que
ELLE, rivière, n'est pas un autre mot et que cet élément entre dans Elbeuf *(Ellebovium)*, Elelot, Élettes,
Ellecourt, Ellon. Pour *Elf*, la fée scandinave, voyez
l'Intr., p. 148 de notre *Hist. et Gloss. du Normand* etc.

ELINGUE, s. f., fronde, en angl. *Sling*, en isl. *Slengia*, mais au fond, on. d'élasticité et de vibration. ELINGUIER, lancer avec une fronde, et lancer en général. ELINGUIÉ, élancé, mince, se prend en mauvaise part : « grand élinguié, » ainsi que ELINGARD. ELINGUEUR, frondeur, cité dans le livre des Rois, qui est sans doute d'origine N., car une cour de justice y est appelée Échiquier : « E li eslingur (fundibularii, dit la Vulgate), avirunerent la maitre cited. » (Liv. 4, ch. 5). La fronde se disait *Eslingue*, en v. fr. ; en H. N. on dit ELINGOIRE. A l'a. *Sling* se rattache *to sling*, lancer.

EPÉNIER, épargner, de l'isl. *Spare*, même sign., en a. *To Spare*.

« Iglise ne autel ne mezons n'espernièrent.
(*Rom. de Rou*, v. 4920.)

EQUIPAGE, harnais d'une bête de trait : « un équi-page de limon », c. a. d. de limonier. C'est un terme scand., passé de la marine dans l'agriculture, comme AGRÈS, en n., harnais, comme AMARRER, DÉMARRER, qui ont le sens général d'arranger, et de partir. ÉQUIPER, harnacher un cheval : il vient du b. l. *Eschipare*, de l'isl. *Skipa*, arranger, arrimer, du radical de la même langue *Skip*, navire, d'où le fr. Esquif ; *Esquipar*, se disait en v. esp. ; c'est sans doute une racine primitive qui se confond avec le lat. *Scapha*, avec le gr. σκαφη de σκαπτω, creuser, le premier bateau ayant été un tronc creusé. ÉQUIPE, s. f. (Gr.), flottille, « une équipe de bateaux. » *Eskip*, en v. a. et aussi *Esquip* (*Halliwel's dict.*), aujourd'hui *Ship*, resté fém. comme le mot n. En terme des chemins de fer, le chef d'Équipe est le préposé des chargements. A cette famille, se rattachent le fr. Esquiver, et le terme de jeu Esquicher. ESCAUDE, bateau (Caen. Dive) est voisin de tous ces termes. « Le pont de Jehanville doit estre si haut que une escaude puisse passer par dessouz.» (Enquête à Caen, 15ᵉ S). Il y a dans une charte N., un Guillaume d'Escaude, peut-être pour l'*Echaudé*, nom propre assez commun.

ESCOFIER, tuer, assassiner, probablement, selon M. du Méril, de l'isl. *Skafin*, brave, intrépide, dont le v. fr. avait fait *Scafion*, voleur de grand chemin : ce serait comme *Bravo* en it. Le N. dit aussi ESCOFIR : c'est *Escofir* en prov., *Sconfiggere* en it., *Escofier* en pic., *Escofire*, en rom. On dit ESCOFIOUR, voleur, assassin.

ESCORBUT, scorbut, en v. fr. *Scorvie*, d'où l'a. *Scurvy* et *Scurf*, suéd. *Skorbjud*. ESCORBUTIQUE, scorbutique.

ESPAR, s. m., pièce de bois, mâtereau, en angl. *Spar*, même sign., *Sparre*, en holl., *Sparr*, en all., v. le Celtique. Le v. f. *Esquois*, forêt, de l'isl. Skog, subsiste dans le nom de lieu ESQUAI. Il ne serait pas impossible qu'à Espar se rattachât le v. f. *Spour*, éperon (Lacombe), en angl. *Spur*, et *Spear*, en all. *Sper*, en bas-l. *Sparrus*. Ce mot est commun au tudesque et au celtique : selon Festus, le *Sparus* gaulois est un javelot ; en bret. *Sparr*, lance ; en irl. *Sparra*, clou. (V. *Ethnogénie Gauloise*, par M. de Bellaguet, p. 133.

ESTAMPER, fouler, écraser, en isl. *Stappa* ; on trouve aussi en island. *Stampill*, typus ; Estamper, écraser serait alors une extension de *Estamper*, empreindre, comme en angl. *Stamp*, marcher lourdement ; on trouve *Stampf* en allem. L'ital. a aussi *Stampa* marteau, d'où *Stampare*, empreindre. ETAMPIR, suffoquer. FESTAMPER (Orne), fouler aux pieds.

ESTORMIR, étourdir, stupéfier, du suéd. *Storma*, tempête, en a. *Storm*, en all. *Sturmen*, litt. frappé par la tempête, comme Etonné sign. étymologiquement frappé de la foudre. L'Estourmy est un n. pr. usité en N.- *Entomir* et *Estomir* étaient communs en v. f. dans le sens d'étonner, d'accabler, d'endormir, et Roquefort cite Entombir « comme encore en usage en N. » *Gloss. de la langue romane*). *Storm* n'est sans doute pas étranger à l'isl. *Stord*, combat, attaque, en v. fr. *Estour*, commun dans les poèmes de Wace. Il y a des familles Estor et Estur à Genêts, sur un littoral dont la topographie est fortement scandin. Entomi, engourdi, ne doit pas être confondu avec le v. fr. *Antomie* (anatomie), squelette, qui se dit encore en Bray.

ESTRAN, s. m., la partie du rivage mouillée par le flux, en suéd. *Strond*; de même en angl. et en all. *Strand*. Le mot *Tide*, marée, qui est encore en anglais, se disait en v. n. :

> Quant ès nefs furent tuit entré,
> E tide orent è bon orré,
>
> (*Rom. de Brut.*)

M. du Méril le dérive de l'isl. *Tid*, vent favorable; toutefois, ici, cette idée est rendue par *orré* (*aura* en l.); mais *Tid* en a. saxon, sign. heure, temps, *Zeyt*, en all., *Tüd*, en holl. Scaliger, d'après Raoul Glaber, appelle l'ebbe et le jusant, de deux mots qu'il déclare saxons, *Ledones* et *Malinas* (marinas?) et on dit encore *Malines* en fr. maritime pour le reflux. M. Jal donne *Estande*, comme fr. n. (14ᵉ S.) et comme synonime d'Estran. Le rivage à pic se dit en fr. Acore, et Ecore en n.

ETRIVER (faire), disputer, quereller, dépiter, se dit en rouchi, et se disait en v. n. :

> La roche dreite, naïve,
> Qui cuntre la grant mer estrive,

dit Beneois, dans sa *Chron. des ducs de N.*, en parlant du Mont St-Michel. On se servait du subst. *Estrif* :

> Nil na verz mei ne estrif ne ire. (*Rom. de Rou.*)

De là est venu le fr. Etrivières. On dit *Strife*, querelle, en a., et cette famille descend de l'isl. *Strid*, guerre, attaque. A l'ESTRIVÉE, loc. adv., à l'envi ; *l'estrivée* en v. f. était le prix de l'arc.

ESTROPE, s. f. (Dieppe), corde ; ESTROPÉ, muni d'une corde « un biscaïen estropé ; » c'est aussi *Strope* en a.

ETA, s. m., étal, de l'isl. *Stal*, siège, en v. all. *Stal*. Les pêcheries de la Seine s'appelaient *Estallière*. ETALER, v. n., placer son étal ; en fr. Etaler, Etalage, Etalagiste, Détaler, Installer, Détail, Détailler.

EY, terminaison qui sign. île en scandinave : ainsi à Londres, le terrain où est Westminster Abbey, s'appelait *Thorney*, en a.-saxon *Thornege*, c.-à-d. l'île des Epines. Cet élément se changeait en *ic* ; ainsi on lit sur ce même lieu dans une chronique a. : « in loco qui Thornic tunc dicebatur et sonat quasi spinarum insula, nunc autem dicitur Westmosterium. » Les îles n. sont caractérisées par cette finale : Jersey, Guernesey, Chausey, Alderney (Aurigny, en n. Aurigney). Nous ne serions pas surpris que l'île de Serk rentrât dans cette catégorie, car elle est désignée sous cette forme : « Conventui S. Maglorii in insulâ Sargiensi. » Wace en francisant Thorney en Zonée *(thorn)*, n'en ignorait pas l'étymologie.

> Zonee po ço l'apelon
> Ke d'espine i out foison
> E ke l'ewe en alout environ.
> Ec en engleiz isle apelon,
> Ec est isle, Zon est espine.
>
> (Rom. de Rou., v. 10,660).

Selon Macpherson, les Hébrides sont aussi Ey-brides, les îles de Brijid, le grand saint d'Irlande dont le nom se contracte en Bride. *Ey* est devenu *Oe* en danois.

FARAUD, adj., orné, paré, de l'isl. *Fadr*, de *Fardi*, fucus. Ce mot n. se trouve dans le v. a.

And his hatire was wele faraud
(Rob. Manyng. Chron. hist. of England)

Phar en hébr. sign. orné; en v. all. *farb*, couleur: ce sont les racines du fr. Fard. *Faraud* est peut-être ce nom pr. d'un dicton du Calvados: « Chest coume la noblièche a Martin Firou: va te couchier, tu souperas demain. » En argot, *Faraud*, monsieur; *Faraude*, madame; *Faraudec*, mademoiselle.

FIFOLLET, feu-follet, en isl. *Fol*, stolidus. On croit que le feu-follet est un gobelin qui conduit le voyageur dans une fondrière et qui éclate de rire au moment où il y tombe. Cette croyance se retrouve dans le Nord. Gervais de Tilbury décrivant le farfadet qu'il appelle *Portunus*, dit: « in lutum (equitem) ducit, in quo dùm infixus volutatur Portunus exiens cachinnum facit. » Il parle encore de ces génies « quos Galli Neptunos, Angli Portunos vocant. » Ces mots semblent indiquer toutefois des esprits maritimes. Les Anglais attribuent aussi à leur *Hob* ou *Hop gobelin*, la mauvaise plaisanterie de nos follets. Le fr. Fol, dérive de l'isl. ainsi que le n. Fo, fou, FOLLETTE, jeune fille légère; on donne en N. cette énigme sur le rouet:

Qui qu'a la corde au co
Et qui va coume un fo.

FOLLETTE (Av.), désigne aussi l'Arroche.

FINER, trouver (Manche et Calvados), comme l'isl. *Finna*, le v. all. *Findan*, l'a. *Find*; en v. f. *Finer*, trouver, d'où est resté Finance, car finer, en b. l. *finare*, sign. arrêter, finir un compte; on trouve dans Joinville : « il fina de 500 l. »

FICHE, poisson, *fish*, dans les langues du Nord, congénère du l. *Piscis*, se trouve dans quelques composés n. Il fait partie de *Fisigart*, pêcherie (fish-gart), et de Fécamp, *Fiscannum* (fish-ham), habitation de pêcheurs. On peut citer ici une charte de 1030 : « Et unum fisigardum in Dieppa et apud portum ipsius Dieppæ. » GoFICHE, gros coquillage bivalve, dit encore oreille de mer ; dans la Hague, la GOUFIQUE est la coquille à nacre, on l'y appelle encore VANNE. STOCFICHE, (stockfish), litt. poisson de provision, est très-usité dans le midi de la France pour les poissons secs ; en N., ce mot désigne le hareng, la morue ; pour celle-ci sa meilleure partie, sa mâchoire s'y conserve sous le nom de NOVES, s. f. pl. En argot, *Stockfish* signifie Anglais. Quelques noms de coquillages de la Hague ont une physionomie septentrionale, le CLIAM, coquille ronde, le SAGAN, la GUETTE ou Etrille; un petit crabe, l'araignée de mer, s'y dit CRABE DE SEINE. Nous citerons dans cet article, un certain nombre de nom de poissons, sans autre raison que leur physionomie étrangère et parceque beaucoup de noms de poissons sont venus des langues scandinaves : FINTE, poisson de la Seine, que M. Le Prevost appelle une espèce de brème ; CHEVERNE, le meunier, le HERCEL (Gr.) ou le BARCET, petit bar, l'AUNEY (Gr.), le jeune maquereau peut-être de l'*année*, la TOUQUE (Gr.), l'éperlan, GODE, gade, en a. *Cod*, morue. Quant à la FINTE, les moines de Jumièges, à la fin du XVe siècle, distribuaient aux vieilles femmes de leur presqu'île, deux œufs, une finte et une pinte de vin de Conihoult. (Delisle, *Etudes*, p. 91).

FLIEUR, FIEUR, FLEUR, terminaison commune à plusieurs localités n. maritimes, laquelle vient des mots scandinaves *Fleot*, *Flo*, *Fiord*, et indique une baie, un golfe, comme les Fiords de Suède et de Norwège. Nous avons Barflieur, et comme on latinisait cette finale en *Fluctus*, on disait Barbefluctus, Barefluctus, litt. le fiord nu, stérile, c'est une côte très-rocheuse ; Harflieur, litt. Hard-fiord, le fiord difficile, dangereux ; Honflieur, autrefois Huneflot, litt. le fiord de la hauteur ; Ficqueflieur, le fiord du poisson ; Vitteflieur, situé sur le fiord que forme l'embouchure de la Dourdan (eau de la colline), compose son nom de deux éléments scandinaves, de Vic, golfe et de fiord, ou de white-fiord, le blanc fiord ; Camflieur (Eure), ou le fiord de la vallée. On latinisait aussi cette finale en *Fleda* ; ainsi la rivière dite le Dourdan s'appelait *Vitefleda*. En a. c'est *Ford*, gué ; dans l'Yorkshire, *Foor* ; en Ecosse, *Forth*. Le fr. Fleur dans « à fleur d'eau, » en n. FLIEUR, dérive de l'isl. *Flor*, plancher, surface unie, en a. *Floor*.

FLIP, FLIP, punch n., cordial fait avec du cidre, du sucre, de l'eau-de-vie ; en a. *Flip*, cordial ; ce mot que nous mettons ici uniquement parce qu'il existait en a.-saxon, pourrait bien avoir pour origine une on. d'autant plus que *Flipsaucer* en a. sign. avaler gloutonnement. *Flip* se dit en ce sens dans le patois de Sulffolk.

FLIO, FLO, s. m., troupe, multitude « un grand flio de monde, un flo de moutons » est sans doute l'isl. *Flock*, troupeau, en v. a. *Folke*, en a. moderne *Folk*, gens, grand nombre ; on disait en ce sens, *Flou*, *Folc*, et *Flo* en vieux français :

« Cum folc en aut grant adunat. » (*Vie de St-Léger.*)
« Aprez un moult grant flou de pors. » (*Li pauvres clercs.*)
Petit floc ne vuilles craindre. (Tombel de Chartrose.)
Grant flo d'anglais de fer couverts.
(Guiart. *Branche des roy. lignages*).

Flockmel dans *Canterb. tales* semble être composé de ce mot et sign. pêle-mêle. *Afolcar* en prov., attrouper : c'est peut-être l'étymologie du fr. Flotte ; du moins, on disait une Flotte de navires : « Alors arriva au port de Tarce une flotte de navires. » *(Chron. de N. 136)* : en isl. *Floti*, en a. *Fleet* ; mais, si *Fluctuare*, peut réclamer aussi ce mot, le latin ne peut guère expliquer le fr. Foule, qui se rapproche de l'isl. *Fiold*, multitude, et qui a donné en ce sens le v. f. *Falde* et *Faude*. On a aussi rapproché ce mot de l'a. *Full*, plein, qui est de la même famille. Fiée, grande quantité, usité en v. f. ; il se rapproche beaucoup du v. a. *Fihu*, troupeau. Quant au fr. Fouler, presser, écraser, il vient du l. *Affolare*, estropier, d'où vient plus spécialement le fr. Foulure. FOULE se dit quelquefois en N. dans le sens de ces passages d'une lettre : « A la moindre charge et foullé du peuple que faire se pourra... moyen de ce faire sans la foullé du peuple. » (Lettre de Fr. de Bourbon). C'est le sens des mots industriels Fouler, Foulon, d'où moulin-foulon, en v. fr. *foleor* « molendinum foleor. » Charte de la Luzerne *(Avranchin, 11,84)* ; d'où les localités appelées *La Foulerie, La Foulonnière*.

FLIONDRE, s. f., *Flondra* en suéd., *Flounder* en a., poisson plat, espèce de plie, limande. Ce mot se trouve avec les *Bretteaux* au nombre des redevances en poisson de l'abbaye de Bonport. FLIE est syn. de FLIONDRE dans quelques endroits ; mais FLIE, à Val., et FLION, à Bay., désignent un petit coquillage conique univalve, qui s'attache très-fortement aux rochers, et à qui sa forme en bénitier vaut dans l'Av. le nom de BÉNIT ; FLIONDRE existe dans l'a. *Flounder* et Phaer rend l'a. *Flue*, par *concha*. Nous rapprochons de ces mots FLETAN, gros poisson plat, pêché à T.-N., renfermant *Flat*, plat, de l'a. et des langues du Nord : en v. f. *Flatir*, sign. renverser, jeter à *plat.* On dit « Bougier comme un fliétan» en pat. a. *Flain,* raie. V. PLAT aux On.

FRECENGÈRE, de l'ancien nom de la truie, en n., en b. l. *Frescenga* , assez commun dans les chartes n. (V. *Etudes* de L. Delisle et le *Canton d'Athis* de M. de la Ferrière, qui cite une localité de la FRECENGÈRE, dont le sens est porcherie). Le droit de porcage en n. se disait *Fercengagium,* mot qui ne se voit guère avant le XIIᵉ siècle (Delisle, *Et.* 243 et 385). Peut-être de là, le fr. Fressure, en n. FRESSE. La truie se disait encore *Scrofa,* d'où le fr. Scrophule; on employait aussi un mot septentrional, pour le jeune porc, *Hog* et *Hogastre,* en a. *Hogg* et dans les n. pr. *Hogarth;* toutefois ce mot signifiait en v. n. mouton de deux ans.

FROE, s. f., sciure de bois, ressemble à l'isl. *Froda,* écume, à l'a. *Froth* , id.; mais tous ces mots se confondent dans l'onomat. du bruit produit par la scie, et le crépitement de l'écume. C'est l'on. radicale du fr. Frotter, Frôler, du pat. n. FROUBIR, d'où le fr. Fourbir.

GABARER, gouverner une gabare, en isl. *Skebardi,* bateau plat, d'où le fr. Gabare, Gabarier, Gabari. Le n. a perdu *Craière,* qui en a. *Crayer,* sign. navire suédois.

GABLE, pan de mur (Vire); en fr. Gable, pignon, de l'isl. *Gafl.* (MM. du Méril. *Dict. de pat. n.*); une autre ét. serait possible, celle du fr. Galbe, en prov. *Garbi,* forme, en esp. *Galibo,* de l'ar. *Qualyb,* moule : en v. f. *Garbe; Galbe* forme en a. *Garb,* façon, et *Garbel,* toit d'une maison, incliné selon le pignon.

GADE, s. f. (Orne), vase de bois pour les pressoirs, formé du fr. Jatte, en isl. *Jatta;* en Lang. c'est *Gadde,* et en Vendée, *Jède;* en a. *Vat,* cuve, et éclisse, d'où le dim. *Wattle,* claie. En b. lat. *Gabata.*

GAIGNETER (Av.), ensemencer en charruant, dim. du v. f. *Gaigner*, labourer, en b. l. *wainagium*, *Gaignage*, labourage, d'où la sign. actuelle de Gagner, Gain, l'agriculture étant la source première de toute fortune ; en all. *Gewinnen*, labourer ; ce dernier mot a pris la place de Gagner, parceque c'est le travail par excellence, en v. f. il sign. travailler : « Ils se mirent en la voie, mais ils labouroient en vain et ne pouvoient venir où ils tendoient.» Ms. du M. S. M. xvᵉ s.) Gagner se disait en v. n. : « Donna chans à gaaingnier » (*R. de Rou.*, V. 5,115). « Ves-ci terres gaagnies à la moitié en tele condition que le gaagneour doit rendre la moitié des garbes (1291, *Liv. des Jurés de St-Ouen*). Le Gagneur est un n. pr. n. très-commum. A. Thierry s'est mépris sur le sens de *Gaignage*, dans son *Hist. de la C.*, t. 11, en le traduisant par gagne-pain, ainsi que dans *Dix ans d'ét. hist.*, p. 148. L'all. *Gewinnen* est en isl. *Gagn*, profit, en a. *Winner*, et *Win*, gagner ; il est probable que *Game*, gibier et jeu, se rattache à *to gain* et au *Gainer* n.; son dérivé est *Gambler*, joueur ; RAGAINER, recueillir le second produit d'un champ, REVAIN (Val.), regain, ou seconde coupe, RAGAINU, s. m., les fruits restés à l'arbre après la récolte (*Gl. N.*) RAGUENACHIER, dim. pej.. RAGAINE, s.f., rapineur. Dans le Berry, une *Gagnerie* est une étendue de terre cultivée par le même laboureur, et *Gaignage*, lisière de bois, partie labourée : il se disait en v. n. « Les cerfs soit en la taille ou soit dans les gaignages. » (La Fresnaye, *Art poét.*). Les terres en labour étaient dites *gagnables* : « il ot terre guaengnable. » Gagnage est resté en franç. dans la vénerie pour pâtis du fauve. L'isl. *Gagn* a le double sens de gain et de victoire : pour les Scandinaves, victoire sign. butin, comme pour les Anglais, vaincre c'est *to conquer*. Le v. fr. *Waing*, labourer, subsiste dans l'a. *Wain*, charrette.

GALE, réjouissance, bombance, était très-usité en N. Il est fréquent dans Basselin et les Vaudevires, car dans le Val de Vire , au commencement du xve s., il y avait une Société des *Galants* , des *Compagnons gallois* , des *Gales-bon temps*, et Basselin disait : « Je suis bon Virois, et compagnon gallois. » (P. 125) et

« Par mon serment tu es un bon gallois »

(p. 42) et ailleurs :

> Je vueil traicter ma personne
> Avec les gales Bon Temps.

Ce qui nous met sur la voie d'un type populaire de bombance et d'insouciance, Roger-Bon-temps, auquel le joyeux poète n., Roger de Collerye a sans doute donné un de ses noms. Un autre N., Alain Chartier, dit dans les *Quatre-Dames* : « Rire, plor, courroux ou gale... ce mot est l'isl. *Gala*, chanter, s'amuser, qui est resté intact dans le fr. Gala et a donné à notre langue, Gai, Galette, Régaler, Gaillard, Gaillarde (danse), Galant, Galon (vase, mesure). A Galette, le mets national en N., avec la bouillie, se réunit une nombreuse dérivation n.: GALETIÈRE, autrement HAITIER, la poêle où se fait la galette ; GALETOIRE, s. f., le tourne-galettes ; GALETIER, s. m., claie où on les dépose ; GALIMOT, s. m., galette de sarrasin ; GALICHOT, s. m., la dernière galette, petite galette ; GALICHON, id. : « Galichon pour les pissenlits ! » GALETTER, faire de la galette. A Régaler, se rattachent RIGOLLER, s'ébattre, d'où *Rigolle*, contr. en RIOLLE « être en riollé, » en partie d'ivresse, et aussi RIOTTE, d'où l'a. *Riot*, débauche, excès, en it. *Riolla* : « semer riotes et inimitiez. » (Floquet, *Histoire du Parlement*, IV, 207), RIGOLETTE, fille joyeuse , RIGOLET, grand gobelet ; *Rigoller* a sign. en n., railler : « Ne venez plus m'y rigoller. » Chansons n., p. 182), RÉGALE, s. f. régal, GALOISE (Guer.), fille de joie, GALOU *(ibid)*, coureur de filles : « Efant de galou, » c.-à-d. bâtard, GALINE et GALOCHE, s. f., jeu de bouchon ; GAILLARD sign. brave et vigoureux :

« un fameux gaillard ; » aussi ce mot s'appliquait-il comme un de ces sobriquets aimés du moyen-âge, à la forteresse fière et solide qui narguait l'ennemi : G. Le Breton explique ainsi le *Galiardus* de Château-Gaillard, commun en ce sens : « Ric. rex munitionem vocavit Gaillardum quod sonat gallice Petulantiam ; » il y a des châteaux de ce nom dans l'Ain et la Seine ; en N., il y a Château-Gaillard (Eure), Gaillard-Bois, *Galardus in bosco*, St-Germain-le-Gaillard, qui avait une forteresse, St-Martin-le-Gaillard, etc. « C'est une tradition que le suffixe de ce dernier vient d'une forteresse dont on voyait des restes en 1789 » *(Notes sur l'arr. de Cherb., par M. de Pontaumont)*. *Galiard* et *Galiaudise* existaient en v. a. selon *Halliwell's Dict.* Il est resté en fr. dans Gaillard ou château de poupe et de proue, les anciens navires portant un château à chaque bout. GALE réclame encore quelques mots n. ; GALLONNÉE , contenu d'un gallon , resté en a. *Galloon* ; GALOT , s. m., tourte aux pommes ; GALIGAST , s. m., réjouissance désordonnée, ravageuse (gast, gâter), GALEFESSIER , amateur de fêtes, de ribottes, GALURIAU, en v. f. *Galeureu*, devenu Godelureau, litt. petit galant, GALAPIAN , vagabond , en pic. *Galapiat*, de même en argot, GALIBIER, dans l'Orne, *Ganipion*, et *Galapiot* dans le Berry, GALEFRETRIER, méchant garçon (D'Avenel. *Hist. de D. Huet*, 205) : en a. *Garrish*, opulent et folâtre semble appartenir à cette famille ; en all. *Geil*, en a.-s. *Gal*, en holl. *Gheil*, libidinosus. Du Cange dérive Gaillard (château), de l'arm. *Gallu*, puissance, d'où *Galoer*, *Gualoer*. Cf. le l. *Valere*.

GAME , écume à la gueule d'un animal , l'isl. *Gam*, fureur ; en Vendée, *Game*, accès de rage ; GAMER ; écumer de colère ; GAMER sign. aussi souffleter, et en pat. du Northumb., *Gam* sign. se moquer *(Halliwell's Dict.)*. Quant à Gamin qui n'a qu'un rapport de son avec les précédents, on appelle GALMIN, un petit valet de ferme ; en pic. *Galmite*, gamin et gamine. Dans un Gl. ms. de la bibl. de Rouen, du XIᵉ s., *Gaminus* est trad. par *Tabernarius*.

GANIF, canif, en isl. *Knif*, couteau, en a. *Knife*, couteau : ce mot renferme l'idée de ronger, comme l'a. *Knab*. Le dimin. *Ganivet* est resté dans les n. pr. n. Ganif se disait en v. fr.; all. Kneif, holl. Kniif.

GARDIN, jardin, en a. *Garden*, id., en all. *Garten*, dér. de l'isl. *Gard*, terre et enceinte autour de la maison, métairie, en v. f. *Gar* ; GARDINIER, jardinier, en a. *Gardener* ; GARDINER, jardiner ; GARDINET, jardinet : « Faciendo lez sieges et pratillos gardinorum » (Compte de 1395) ; « per forum factum gardineriis » et aussi en v.f.: «Tu qui habite ses gardins.» *(Cant. des Cantiques)*. Comme en Norwège, le champ attenant à l'habitation s'appelle le GARDIN, le GRAND GARDIN ; c'est ce qu'il veut dire sans doute dans cette note : « En ladite ville de Fresne a xxj gardins appelés gardins de costage. » *(Compte de Fresne, en 1404)*, c.-à-d. de chaumière, en a. *cottage*, le v. n. *costage*. Ce mot *Gard*, enceinte, sign. aussi protéger, d'où le fr. Garder, en a. *Gard*, garde et *Ward*, en all. *Wharen*, forme qui a donné le fr. Garnir, d'où Garnison, en a. *Garrison*, Garant, en a. *Warrant*, Garenne, en a. *Warren*, Gare, subst. et interj., Guérite, Galetas, endroit élevé où l'on garde : l'a. *Garret* a gardé la forme ét., Hangar, dépendance de la maison, de *Ham*, habitation, et *Gard*, enceinte. *Varde*, garde, en v. f.; en n. GARDERIE, division de forêt surveillée par un garde, GARANTISE, garantie, en a. *warranty*. Le Gard scand. signifiant enceinte, est entré dans le comp. *Fisigard* (fish-gard), pêcherie, on trouve un *Fisigard* à Dieppe : « unum fisigardum in Dieppa. » *(Acte de 1030)*, comme un *Vingard* à Bayeux ; il y a un *Fisguard* en Galles, près de la mer, et *Fishgarth* en a. sign. écluse, comme celle des pêcheries, et *Garth*, pêcherie , mais il sign. en v. a. réservoir à poisson sur le bord des rivières (*V. Halliwell's Dict.*) Cf. le mot belge *Visch gracht*, fossa piscaria ; les pêcheries se disent aussi simplement *Gaard* en dan. , et on les appellait *Gard* et *Gart* en N. Mais cette forme a tourné à *Gord* , plus moderne et plus usité , en v. f. *Gourt*, pêcherie. Il y avait beaucoup de *Gords* sur la Seine , et Kelham dans son *Dict. of the norman language* explique *Gord* par *watery place*. Nous signalerons « le gort de Witecliva » comme du pur scand., *White cliff*, blanc rocher ; « Le fieu du gort rend x l. s. de rente por le rachat des clées du gort à la St-Pierre l'erbours (ès-lians. » (*Liv. des Jurés de St-Ouen*). Gort sign. aussi marée , selon ces vers du *Rom. du M. S. M.*, v. 431 :

> Pelerins passanz perilliez
> Qu'el gort de mer avëit neiez.

Le gord se distinguait de la pêcherie et sign. peut-être la crique elle-même. « La rivière et la pescherie et le gort de cette rivière. » (N° 868 des *Rôles de l'Ech.* de MM. D'Anisy et Charma*). L'a. *Wear*, réservoir à poisson, écluse, est une des formes de *Gard* , d'autant plus que *Weorth*, *Werth* en a.-sax., sign. cour et ferme. Plusieurs localités maritimes et fluviatiles de N. se sont nommées des mots précédents : La Gourie, près de St-Lô ; Gorey, à Jersey ; Goury , port près de Cherbourg , et de là, le n. pr. Dagoury, commun en N. et la pomme de *Dagorie*, chantée par Ol. Basselin. Les loc. Gorran, Gorren, Gorrel, Jort, ne sont peut-être pas étrangères à cette famille. Cf. le l. *Hortus* , l'a. *Wort*, plante de jardin , et l'a. *Orchard*, verger , le fr. *Cort* (cour et ferme). L'a. *Garment*, vêtement, est la contr. du v. f. Garniment, comme on le voit dans ce specimen a.-n. du *Myrror of justice* de Hornes : « Al jour de la proof, le prestre revestu des garnements de la messe soloit lon garder la partie, et luy porter à la maine une pièce de fer flambant ou la

pie en eaw boillant...mes saint christianity ne soffre que Dieu soit per tiels à tort, si l'on poet avoider auterment. »
Il ne serait pas impossible que Gréer ne fût une contr. de Gârer, garantir, garnir : du moins on dit en N. : « Je suis gré, » c.-à-d. garanti, garé.

GASE, s. f., marais, bourbier (Pontorson); il y a, dans les marais de cette localité, une partie désignée dans les actes, sous le nom de la *Grand'gase*; c'est une forme de Vase, en isl. *Veisa*, palus putrida. En Berry, *Engaser* et *Gaujer* sign. s'embourber. De Gase dérive le n. GAZOUILLER, salir, travailler malement ; GAZOUILLAGE, besogne malpropre, saleté ; GAZOUILLEUR, qui gazouille. HASE dans l'Orne désigne un marais ; en a. *Haze*, brouillard épais. V. VASIER.

GATER (de l'eau), uriner, de l'isl. *Kasta*, jeter, en a. *Cast*; gâter de l'eau est la loc. isl. : «At Kasta af ser vater. » Le fr. Gâteux vient de cette racine. V. GAST, ravage, terre vide.

GATTE, s. f., le jeu de merelle, joué sur une figure tracée sur le sol et représentant une grande porte, du dan. *Gata*, porte, qui en v. scand., selon M. Worsaae, sign. rue (*The Danes in England*, p. 40), en a. *Gate*, grande porte ; à Villedieu, ce jeu s'appelle GALINETTE, pour Gattelinette. GATTE se trouve dans plusieurs noms de rues n. : à Caen, la rue de Geôle était la rue Houlegatte (creuse rue, hole gate), on disait même Gatte-Houle. Il y a une rue Holgate à Carentan, une rue Houlegatte à Rouen. Ce mot a le sens du grec πυλη, passage étroit, comme PORT et PORCHE dans l'Av., puisque le passage à l'est de l'embouchure de la Dive, s'appelle Houl-gatte : il y avait près de Saint-Lo, sur la Raye-Grout, le pont d'Hiegatte. Le nom prim. de Caen est tout scand., *Cathum*, le *Hulm*, île d'eau douce, et *Gat*, rue, passage.

Gate se trouve aussi à Vire, près de laquelle ville est la localité de Gattemo et à quelque distance la gorge de Cathole (gatte-hole). Ce mot existe dans les détroits du nord scand., par ex: *Waigat*, *Cattegat*, etc. Nous soupçonnons la présence de cet élément dans quelques communes normandes, comme Quatre-Mares, Quatre-Puits, Quatre-Faverils, d'autant plus que cette dernière est appelée *Chatefaveril* dans une charte de 1128. *(Itin. de N. 544.)*. Un passage étroit dans le Val-Saint-Père est dit La Guette. GATTE à Val. sign. encore une pierre de taille, sans doute comme une partie du jambage de la porte, mais mise à plat : les pierres des parapets sont dites GATTES ; dans l'Avranchin chaque auge d'un tour de pressoir est dite GATTE ; on disait peut-être en ce sens le dim. GATTON : « Ceulx qui ont pressouer doivent avoir esquelles, tasseaux, gattons et hardeaux par paiant chacun un septier de vin de quatre gallons. » *(Etudes* de Delisle, p. 374); mais ce Gatton sign. plutôt bâton. Gatte est commun dans les chartes, dans ce sens de dalle : « *gattas ad mandatum cene.* » et désignait aussi du bois servant à auge de pressoir : « *unam tiliam ad faciendas gattas.* » *(Ibid,* 373). De l'idée de rue, de passage, dérive celle d'observation, de garde, d'où le fr. Guetter, Guet, en a. *Wait*, surveiller le n. GUETTE, surveillance, « faire bonne guette » GUETTIER, guetter, se GUETTIER, se méfier, comme dans ce dicton :

> Barbe rouge et neirs cheveux.
> Guette t'en, si tu peux.

D'un individu suspect on dit : « Vaût muus li guettier ès mains qu'ès piès. » Il y a encore des tours du Guet dans nos villes n., par ex. au M. S.-M. et des loc. dites d'*Aguet*: « un saut d'aguet » (Enquête), la *Guette*, &., et ce dernier mot est commun comme n. pr. dans les chartes n., aussi dit-on encore AGUETTER, guetter, en a. *Await*, d'où le fr. Aguets. Cette tour du guet s'appelait aussi *Escarguette*, d'où le fr. Echauguette, en v. fr.

Echauguetter, surveiller, qui renferme ECHAUFAUD, écha-
faud ; à Lisieux la cloche d'alarme était dite ECHAU-
GUETTE (*Gloss. n.*). L'ang.-fr. du 15ᵉ s. en N. offre Guet sous
cette forme : « Pro le gheyt, anglicè le watch, de la ville de
Cane » (Registre de Torigny), langage hybride dont voici
un autre spécimen : « Valor proveniens de lucro salis
grossi le bay de Bretagne » (La Baie du M. S.-M). Un
registre de cette époque donne : « Pro operibus, guetho,
vadiis, etc. » (Reg. de la Haye-du-Puits).

GAUDE s. f. *Reseda luteola* qui donne une teinture
jaune. Ce dernier mot en v. fr. *Ialnes*, en it. *Giallo*,
dérive de l'isl. *Gullinn*, aureus. Ce *G* primitif se retrouve sous la forme de son équivalent *W* dans les
anciens documents normands « Dono decimam omnium
waldarum mearum de Normannia. » xiiᵉ s. La Guede, en
patois VOUÈDE en angl. *Voad*, est *l'Isatis tinctoria* qui
teint en bleu : « Tinctores tingunt pannos gaudone,
rubea majore (garance) et sandice; Sandis dicitur gallicè:
Saide vel waide. » (*Dict.* de Jean de Garlande). Une
charte de S. Wandrille distingue aussi ces trois couleurs : 1272 « In decimis Guesde, Waranchie, Waude »
On trouve *Guesdie* et *Gaudie* au *Cartul.* de Phil. d'Alençon.
La forme *Wesdum*, Wayde, *Wesda*, *Wasda*, domine dans
les nombreuses citations de M. Delisle. *Etudes* p. 329
et 30. Une charte, ibid. 331, en réunissant *Vaisdias* et
pastellum nous explique l'étymologie de ce dernier mot:
Pastus, gateau, c'est la Guède réduite en pain et la
transition de Guède à Pastel : « Parrochiani vaudias
colligent.... et terent seu teri faciunt et coadunari in
pastellis, prout consuetum est.... persolvent tridecimum
pastellum.... de residuis collectis, quas de dictis vais-
dis fieri contigerit, solvent quatuordecimum pastellum.»
Si le fr. dit : « Un rire jaune : le patois dit plus hardiment
« Il rit jaune » prón. Jaône. Le mot Jaune se dit en
H. N., GAUNE, et GAUNIR en Bray, jaunir et pourrir en par

lant du bois, GAUNET, Ibid. la Renoncule des prés ou des champs (Decorde *Dict. Brayon*) ; aussi le dialecte voisin, le pic. dit *Gane* jaune, de même en rouchi et aussi en v. fr. JAUNET, la Renoncule des prés ou champs, dite encore BASSINET dans les sens de l'a. BUTTER-CUP, vase à beurre ; l'HERBE A JAUNIR est la genestrelle. JAUNET devient LIAUNET comme on dit BELIAUNE (Bec jaune) le canard tadorne ; le N. JAUNISSE, pron. Jaonisse donne l'a. *Jaundice* ; on dit « Jaune comme un porion » (le narcisse des prés). JAUNET, pièce d'or. L'a. *Yellow* est de cette famille et se rapproche du v. f. *Ialnes*, de l'isl. *Gullinn* ; de *Yellow*, dérive *Yelk*, jaune d'œuf.

GILER, faire jaillir : en isl. *Gilia*, lancer de l'eau : *Giler* a ce sens en Berry et en Vendée. GILOIRE, seringue ; dans le Jura la seringue en sureau s'appelle *Gièle*. *Gilia* est plutôt la racine du fr. Jaillir que le l. *Jaculari*, et ce verbe fr. nous conduit à la forme dure, au n. GALLIR, lancer : gallir du sarrasin, c'est lancer les javelles sous le fléau ; GALLISSEUR, celui qui gallit.

GLIAUME ou Guillaume, espèce de rabot de menuisier, dérivé sans doute du nom de l'inventeur. William, nom des premiers ducs n., sign. l'homme de volonté. GUILMOT, Guillaume-le-Conquérant : « du temps du roi Guilmot, » comme on dit de la reine Berthe, et comme on dit « vieux comme le pont de Rouen, » l'ancien pont de bateaux. WILLIAUME et GLIAUME (H.-N.), entremetteur de mariage, le *bazvalan* (verge de genêt) des Bretons, appelé à Av. CAUCHE-NÈRE, chausse noire, sans doute le prêtre primitivement. Les autres formes n. du prénom Guillaume sont les dim. GLIAUMIN, GLIAUMET, en v. fr. *Gui*. Des philologues ont donné comme sign. faiseur de mariages *Diolevert*, et comme usité à Coutances : nous nous sommes assuré que c'est une erreur ; L. du Bois le localisé dans l'Orne. V. ce mot. Le *Gl. N.* donne GLAMOT pour Guillaume. GLIAUMET-BLIANC, espèce de cerise.

GOTH est un nom d'or. scand., illustré en N. par Turstain Goth, nom qui en s'adoucissant en Goz ferait croire à la pron. douce du th. chez les Scand. Il y a la commune de Trégoz, arrondissement de St-Lo. Quant à Goton, nom de femme, de servante, il se rattache à Marguerite, en passant par Margot, Margoton ; en argot, *Gothon*, fille de joie.

GLOT, ver blanc de la viande gâtée (Bay.). GLOUTI, gâté, perdu ; l'isl. *Glata* sign. perdre. GLOT est sous la forme de *Glete*, charogne, dans le *Best. divin* de G. de N. v. 1132 :

> La charogne que la mer giette,
> Home, beste, peisson ou glette.

En v. f. *Glete*, corruption ; l'a. *gleet* sign. sanie, et *Gleety*, ichoreux ; *Gletteux* en v. f. visqueux, écumeux ; en all. *Glett*, pourriture. GUILLOT (Al.), corruption de GLOT.

GRÉ, GRÈS, cheval : « terme des voleurs de campagne de N. Dans la langue des *Gypsies* anglais, *gri* a la même sign., comme *gra*, *gras* et *graste* dans celle des Gitanos de l'Espagne... Dans l'Edda, le cheval de Sigurth s'appelle *Grani*, de *grar*, pommelé. C'est encore aussi, ajoute M. du Méril *(Hist. de la poésie Scand.*, 134). qu'on appelle en isl. les chevaux de cette couleur. Enfin, l'adj. *gras*, est une des épithètes que nos anciens troubadours donnent aux chevaux. » (*Dict. d'argot*, de M. Fr. Michel, 199.) Le n. possède encore GRENON, GUERNON, moustache, mot d'origine tudesque et celtique : en irl. *Grani*, longue chevelure, et *Granni*, barbu, était un des surnoms d'Odin. Isid. de Séville nomme Granni les moustaches des Goths, (V. *Ethnogénie gaul.*, p. 243). On dit à Bay : « Je n'ai peur ni de ses noms ni de ses guernons. »

GUINDEAU, cabestan, du suéd. *Wænda*, virer ; en a., *Wind*, tourner ; en v. n. *Winder*, en fr. Guinder : « Hobens ferment, windent li tref. » (*R. de Rou*, v. 14979) Le radic. prim. de ce mot maritime est sans doute *Wind*, vent, cong. du l. *ventus*, le principe des mouvements du navire , et aussi du froid et de la tempête, d'où l'ang. *Winter*, hiver, et *Window*, fenêtre. La lettre G présente encore quelques mots scandinaves, dont quelques-uns maritimes. Les pêcheurs de sardine sur les côtes de Bretagne appellent d'un nom de physionomie septentrionale , *Guildre* ou *Rave*, les œufs de poisson dont ils font un appât : ce dernier est le n. *Rogue*, œuf de poisson, d'où *Rogu*, s. m., le poisson femelle, en ang. *Roe*. GUIBRE, arrière du navire où l'on sculptait sans doute un serpent, *Wiver*, sign. membre viril en argot et en n. On trouve en v. fr. *Gestre*, allié, de l'isl. *Gestr*, hôte, d'où l'a. *Guest*. L'isl. *Gleann*, vallée, en gaël, *Glen*, en a. *Glen* ou *Glyn*, n'est pas étranger à la N., où l'on trouve à St-Pois la vallée dite d'Enfer ou du *Glanon*, le nom de sa rivière : il y aussi des Glanville. On trouve un W. Glene, p. 91, des *Rôles de l'Ech.*, de M. d'Anisy. Une orig. celt. de ce mot est aussi admissible. Nous avons cité le v. n. *Gloe*, bûche, en suéd. *Gloa*, brûler, en all. *Gleuen*, en a. *Glow*. Un terme commercial du moyen-âge dans le Nord est *Guilde*, association, du vieux norse *Guelda*, payer, contribuer, d'où en a. le *Danegeld*, tribut aux Danois, et l'hôtel-de-ville, *Guild-house*. La ville de Rouen avait aussi sa *Gelde*. Wace appelle *Geldons*, les paysans normands révoltés, associés.

HAIE, HAYE : c'est le *Haya* isl., mot répandu dans le Nord, qui désigne l'enceinte en terre, plantée de bois vif, que les Scandinaves faisaient pour leurs retranchements durables. Ce mot est très-souvent cité dans le *Dom'sday*, et la Normandie le conserve dans beaucoup de noms locaux, la Haie-Painel, *Haya Paganelli*, où l'ont voit en-

core l'enceinte scand., la Haie-du-Puits, *Haya Podii* (de la
hauteur, du *puy*), la Haielle, la Haie-d'Ectot, l'Orbehaye,
la Haie-Comtesse, la Hague, où est le Hague-Dick, la
plus grande enceinte n. que l'on connaisse ; on trouve
aussi des *Hague*, comme dans la Hague, capit. de Hollande,
en fr. La Haye, et quelquefois *Haise*, comme St-Jean-de-la-
Haise. C'est le *Hacg* du v. all., le *Hacq* de l'angl.-saxon,
le *Hedge* angl. ; il se retrouve dans l'Isère sous la forme
Agi, et de *Haigis* dans les Vosges. Le v. a. *Haggard*, qui
est encore dans *Swift*, sign. champ, enclos, est de cette
famille ; ce mode de retranchement des Normands est
indiqué dans ce passage : « Normanni... sepibus (more
eorum) munitione capta, securi consederunt. » (*Ann. ful-
nenses*, an. 891). De là, est venu le fr. Haie, « quand la
haie est basse, tout le monde y passe, » dit un prov. de
Bay. Ce mot sign. aussi un bois, surtout la partie close
d'un bois, réservée au seigneur ; c'est ainsi qu'un bois
près de Val., s'appelle la Haye de Valognes. « Doit avoir
ses pors frans en la haie des Autiex de pasnage et de
pasturage. « (*Liv. des Jurés de St-Ouen*). L'analogue de
haie était *Spinal*, resté dans Epinal : « Castrum rusti-
corum lingua spinal vocatur. » (Constantinus, *Vita Adal-
beronis*, 111). Haie dans le sens de bois était de la langue
générale : « En ses haies grans cerfs et biches. » (*Tristan*,
v. 2967). Il a surtout ce sens dans le *Doms'day*. v. l'*Introd.*, par sir H. Ellis. Le dim. HAIETTE est assez commun dans la Manche, d'ailleurs le plus riche en Haga,
et le plus scandinave : « In parrochia de Cérences, in
feodo des Haietes, ultra Malpalu. » (*Cartul.* de la Luzerne). Il est très-vraisemblable que *Haya* est une des
formes de *hogue*, hauteur, par la corrélation de hauteur
et de retranchement. v. HOGUE. Le n. a tiré de Hague
un certain nombre de mots : HAISET, petite barrière,
litt. petite haie, en v. fr. *Haise*, porte en claie, comme
dans Saint-Jean-de-la-Haise, et on lit dans du Cange à
Haisellus : « une haise qu'il avait faite pour obvier que

le bétail n'entrât dans la court. » On dit prov. des amants : « Si n'entrent par le haiset, c'hest par le viquet. » HAIQUE, HAIQUET, s. m., petite porte, et spécialement la partie supérieure qui s'ouvre sur l'autre. Lacombe (*supplément*) cite *Hequel*, comme une prison de Rouen ; HAI, même sign. : « Causer par-dessus le hai, » en v. a. *Hatch*, même sens, et *Hay* se disait en Anglet. pour une espèce de danse en forme de haie : « Let them dance the hay » (Shakespeare). M. Donce dit que le *Hay* est une danse empruntée aux Fr.-Scand. Skinner dit qu'on l'appelle ainsi de « ad figuram sepis choreas ducere. » A cette occasion, Richardson *(Dict.)* rappelle le branle fr. les *Olivettes*, sans doute prov. et consacré à la récolte des olives, chanté encore en N. :

> Nous n'irons plus au bois,
> Belles olivettes, belles olivettes.
> Les lauriers sont coupés, etc.

Du reste, *Hay* se dit pour haie dans le Norfolk, et le HAIQUE n., se retrouve dans le *Heck* du Northumb., clôture, dans le *Heck-door*, le *Heck-half* (v. *Halliwel*). Le n. HAIQUET, qui est le fr. HAQUET, devient *Wiquet*, *Viquet*, d'où le fr. Guichet, en a. *Wiquet*, en holl. *Wichet* et *Winchet* : ce qui nous conduit au v. fr. *Huisset*, et au fr. *Huis*, porte, d'où le fr. Huissier, plutôt que du l. *Ostium*, en n. HUS, d'où le fr. Bahut, litt. basse porte : « clios c't hus » ferme cette porte. » I n' trouvera pas le co (coq) à l'hus » sign. arrivera trop tard. De là, le sobriquet du curieux, *Guette à l'hus*. Il y a à Feugères, une chap. de N. D. del'*Hus ouvert*. En a. *Usher*, les commentateurs de Shakespeare dérivent de ce mot *Whiffler*, qui a changé de sign. mais qui dans *Henri V*, act. V. désigne l'officier qui précède le roi : « Litle a mighty whiffler fore the king. » mais cette ét. est peu plausible. La *Chron. Sax.* attribue aux N. un supplice dit la *Chambre à crucir*, coffre rempli de pierres tranchantes, *Crucetum*

ou *Crucet-hus*. De là, le fr. Huche, le n. Huchie (St-Lo),
trousseau de la mariée, et cérémonie du transport de
ce trousseau, Huchier, le f. Jucher, litt. placer sur la
huche. Haisier, s. m., ridelle ou claie qui borde la voiture; Hayon (Orne), fascine pour clore une brèche; en
H.-N. Hayeur, celui qui répare les haies, Hayon y sign.
claie-abri, et Hayure, haie, une certaine étendue de
haie, et nature de plant, comme Hayée à Av., « une
hayée d'épines; » à Guern., Haiemil, haie mitoyenne :
l'auteur des *Rimes guern.* remarque que dans cette localité Haie a fait place à Fossé, ce qui se comprend
d'autant mieux qu'en B.-N. Fossé sign. à la fois le creux
et le talus de la clôture terrée d'un champ. La Haie de
la charrue ou Sep (*Sepes*), est l'arbre de la charrue, le
Strabes de la description de J. de Garland. « carrucárii
reparant instrumenta aratri vid. stivam et strabem... »
Stiva, (*Stick* ou *Staff*). est le manchon d'après le com-
mentateur : « Stiva, gallicè manchon. » De Haga dérive
Hague, s. f., cenelle, fruit de l'aubépine, la principale
clôture des champs : « Y en a coume de hagues, » dit-
on, pour une grande abondance de fruits; Haguié,
chargé de fruits : « Les poumiers sont haguiés de pou-
mes; « c'est l'a. *Heps* et *Haw*, cenelle, d'où *Hawthorn*
l'épine à hagues, l'aubépine; mais le n. Hague est resté
dans le *Haghes* du Northumb., et dans le Devon, on dit
Hag-thorn, l'aubépine; *Haggles*, cenelles, est dans *Mile's
ms. gloss. (Halliwell's Dict.)*; dans Craven on dit *Hagues*,
id.; en breton, *Hogan*. Le n. Hasier, petit objet, atôme :
« aveir des hasiers dans l's uurs » c.-à-d. les yeux; et
en v. a. Häwe in the eye, est traduit par paille (v. Palsgrave), pourrait se rattacher à cette famille : en a., *Haze*
sign. brouillard, peut-être par l'analogie de la pous-
sière et du brouillard. Al. Hèche, claie, l'a. Edge, haie.

HAIR (Vire), chevelure, selon M. M. du Méril (*Dict.
de pat. n.*), en isl. *Har*, id., en a. *Hair*, id., d'où le fr.

Haire, chemise de crin, l'adj. pic. *Hairu*, hérissé, mal
peigné, le n. Huré et Hurepé (pé, poil), comme le v. f. :
« longue barbe et chies hurepés. » A Val. « Aller à har »
c'est chevaucher à poil nu; nous ne savons pourquoi le
Gl. n. écrit : « aller à nar; » Har, Has, ou chien Bro espèce de chien de mer à peau rude, hérissée, à Av. Hale.
De là aussi le fr. Hure, d'où le n. Huron, entêté : « Oh!
le vieux huron, » qui se disait en v. fr., comme dans le
Mys. de S. Marlin, et qui est dans Froissart avec le sens de
paysan. A Pontaudemer « courir la haire » c'est être en
loup-garou. En argot, *Hure* sign. grossier; dans la *Vie*
généreuse des Mattois, on trouve *peaux hurés, rivage huré*,
et à ce dernier terme se rattache Huret, qui à Guern.
sign. terrain rocailleux, hérissé, en v. f. *Hurel*, mot
commun dans les noms pr. ainsi que Hurard. Aussi Cotgrave traduit Huré par *rude, bristly, horrid, like a wild*
boar's head. L'affinité des lettres rattache à cette famille
Furluché, hérissé, en H-N. : « Furluchés ainsi que des
coqs, » (Ferrand, *Muse n.*) et Furluffe, bravade, comme
on dit avoir du toupet : « Chest pour nous faire furluffe, »
(Ibid.) et Furluffer, se hérisser, se dresser : « Furlufez-
vous et parlez hardiment. » (Ibid.) Ferluche, dolure
(Vire). Quelques caps n. s'appellent Hure, comme aussi
Groüin, anal. de *caput*. A Hair se rattache Hairi, s. m.
lièvre, en a. *Haré*, id. dont le fém fr. est Hase, terme
injurieux en n. : « Vieille hase, » vieille femme, en a.
Harier sign. lévrier. Rapprochons du poisson Has, un
autre appelé Haut par les pêcheurs de la Hague, lequel
a la gueule en-dessous comme le requin, disent-ils;
le Vert-Haut est trois fois plus gros. M. de Gerville
appelle Haux des raies grossières *(Et. sur la Manche, 3)*.
Le f. Héron, qui s'est dit Hairon, d'où *Haigronneau*, petit
héron et Aigrette, en v. fr. Haigrette, dérivent de Hair.
On peut y rattacher l'*Urus*, l'*Auroch*, que l'on a tiré cependant de *Urrach*, féroce. A propos de ces poissons,
disons que la N. attend toujours sa Neréide, œuvre
aussi nécessaire que difficile.   9

HALBIQUE, XALBIQUE, hermaphrodite, litt. à demi-bique, de l'isl. *Half* ou de l'all. *Halb,* demi et *buck,* chevreuil, bouc, ou la fém. Bique. HALBIQUE (Orne) et HALBI, s. m. mélange égal de cidre et de poiré; en gén. on appelle MAINTIEN (mitoyen) le cidre également mélangé de cidre et d'eau. HALBRAN, s. m. mue des poules : « Jeter son halbran. » en fr. Halbran, jeune canard sauvage, en pic. canard sauvage, litt. *Half-brown* à moitié brun. BITTEN-HALB, à demi-ivre. V. introd. p. 455.

HAM, de l'isl, *Ham,* village, qui n'est resté en fr. que dans le dim. Hameau, en n. HAMET, subsiste en N. comme subst. loc., par ex. le Ham, près Val. « Li Ham aveit une abéie » *(R. de Rou),* le Ham sur Dive et comme suffixe dans Ouistreham, à la bouche de l'Orne (litt. village de l'estuaire), Cannehan et Caban, l'*Hedram,* des Capitulaires et surtout en Angl. Durham, etc. (habitation de l'eau). La forme ancienne *Hamel* subsiste dans les n. pr. et locaux, avec le dim. Hamelin, comme la Chapelle-Hamelin; et Hamelet, conservé en a. *Hamlet*; mais le *Ham* primit. a pris en a. la forme de *Home.* Ce radical des langues germ. se retrouve aussi en celt. Ainsi *Hamm* en bret.; c'est le dan. *Heim,* le v. all. *Heim,* le flam. *Heim.* Le nom des terres données par Hlodowig à S. Rémi sign. terres de l'évêque : « Picofesheim sua lingua vocatas. » *(S. Remigii Test.).* Il était associé à des n. pr. d'après le principe germ. que l'homme impose son nom à son sol : « viri his nominibus, Wisogaste, Salegaste, Widogaste in villis que ultra Rhenum sunt in Bodochem et Salechem et Widochem. » (ap. Pardessus, *Loi salique,* 343).

HANTE, s. f. long manche d'outil, de faux, de fouet, de l'isl. *Hampa,* manche, en fr. Hampe, en v. fr. *Hanste,* bois de lance et manche : « La hanste de la crois » *(R. du*

S. Graal) « mainte hanste de sap e de fresne» *(R. de Rou)*
Palsgrave donne comme n. *Hantel,* manche *(Esclaircisse-*
ments). Ce mot semble être devenu l'a. *Haft,* manche.
L'aspiration empêche de recourir au l. *Amitis,* perche.
Du reste Hante peut fort bien se rattacher à l'isl. et
germ. Hand, main, d'ou le fr. Gant, le n. GANTELÉE, la
digitale pourprée, en a. *Fox-glove,* gant du renard ; de
là l'a. *Handle,* poignée. On disait *Hent d'épée* pour garde
d'épée. HANSARD, s. m. hachette et scie : le fr. Anse
s'aspirait autrefois, *Hanse,* poignée, d'où le fr. Ganse,
primitivement une dragonne ; cependant on dit *Ansa,*
poignée, en lat. A Laigle on appelle HANSE, l'épingle
sans tête. L'isl. appelle le gant, soulier de la main
Handski, selon M. du Meril, ou peut-être, peau de la
main, Handskin, en a. *Skin,* peau. A cette famille se
rattache le fr. Hanap, litt. vase à main, à Al. HANAR,
vase à boire *(Gl. n.)* et HANNEAU, fiole, de l'isl. *Hneppa,*
manibus volvere, en wallon *Henat,* en bret. *Hanaf.* Le
mot Hanap a vieilli, mais il était très-usité en N. : « un
hanap de graine d'oignon » *(Comptes de Bay.* 15e s.) et
il est dans une chanson macaronique de Basselin,
p. 173 :

> Car son meilleur vin
> *Deprompsit cadis*
> Et nous en a faict
> *Usque ad oras*
> Remplir nos hanaps.

HARDI, de l'isl. *Hard,* énergique, s'emploie en n.
comme exclam. : «Hardi, garçons.» c.-à-d. fort, dur, et
comme sign. de superl. : HARDI BOUEN, très-bon : V. le
nom de chien *Hardigras,* Introd., p. 393. Hardi sign.
encore vigoureux et brave : «C'hest un hardi gâs.» c'est
l'a. *Hard,* dur, difficile, lequel est aussi en a. un super-
latif; à Av. « Chose enhardie » difficile. To *Hardyc,* en-

courager, archaïsme a. (Halliwell), *Hardyssed*, id., encouragé, litt. à qui on crie : Hardi! on trouve aussi en v. a. *Ardi* et *Hardy*. Le *Hard* scand. est resté dans une foule de n. pr. n. : Lethard, Enguehard, Bénard, Tesard, Liegard, Suhard, Chilard. Le v. f. *Herdeler*, fortifier, en isl. *Herda*, est sans doute de cette famille. Nous y rapportons aussi le v. f. *Hardel*, coquin, scélérat, resté dans les n. pr. Hardel et le Hardelé (Hague), et dans *Hardelle*, en v. n. fille de joie, très-usité dans la poésie pop. de la H.-N. au XVIIᵉ siècle. V. *Muse. n.* et Ol. Basselin, et dont le fr. Haridelle est sans doute une forme. On peut rattacher au *Hard* scand. le fr. Hardes, bêtes fauves, l'a. *Herd*, troupeau et primit. *Harde* et *Hart*, cerf. L'isl. prenait aussi la forme *Ferd*, d'ou le v. fr. *Fardre*, habit, le fr. Hardes.

HATI, s. m., haine; en isl. *Hata* sign. haïr; en vieux fr. *Ahati* et *Enhati*, haine; à Mort. on dit VIEUX-HATI, rancune; en a. *Hate*, haïr, *Hatred*, haine.

HÂTI, hâtif, en isl. *Hasta*, festinare, d'où le f. Hâte, Hâter, l'a. *Haste*, hâte, *Hasty*, prompt; HATIVET, s. m., orge hâtive : « L'on dict hastivet s'échauda. » (*Chans. n.* édit du Bois, 161), en a. *Hastings*, pois hâtifs. ENHATER, presser; ENHASER (Orne), id. ENHASE, affaire; *Enhasted*, affairé, en patois a. (*Halliwell's Dict.*). En fr. Hativeau, poire et pois hâtifs.

HAVRON, folle avoine, de l'isl. *Hafri* et du v. all. *Habere*, avoine; on dit à Bay. : « Chest haveron et peis perchié » c.-à-d. l'un ne vaut pas mieux que l'autre.

HERNAIS, HERNOIS, désigne rarement le harnais, l'équipement des bêtes de trait, mais la voiture et l'attelage : « il a un bouen hernais à six bêtes, » de même en v. f. : « font service de bouchage à Noel, à tel hernoys come ilz ont » (Aveu de 1481) « Pour un cheval morel à mètre en hernois. » (Comptes de la maison Dieu de Bay.), en a. *Harness*. Ce mot semble venir de l'isl. *Hardneskia*, cataphracta, et renfermer l'idée de fer, et un radical à la fois celt. et germ. : *Ouarn*, fer en bret., *Isarn*, en v. all., *Iron*, en a.

HEU, s. m., espèce d'allége : « nom d'un petit navire, *Hulk* en holl. *Hay* en a. *Hui* à la façon normande, » dit Jal dans le *Gloss. naut.* : « Heus du Havre de Grace sont vaisseaux de service plus propres à entrer dans les rivières » (Fournier, *Hydrog.*) ; au XVIᵉ s. *Hourque*. En scan., *Hulka* dérive de *Holk*, qui, selon Ihre, sign. tronc d'arbre. En a. *Hulk of a ship*, carène, *Hull*, corps de navire. Il y a trois localités en Heu dans le voisinage d'Omonville-la-Rogue (la hogue?) trois rochers, Jardeheu, qui semble sign. le navire du Jarl (en a. earl) ou du chef, Laitheu et Tranchdheu ; mais cette finale peut être une forme de Hougue, comme la commune de Heugueville. Le fr. a gardé le *Hulk* holl. dans Hourque, vaisseau holl. en flûte. Il y a un autre nom de navire qui est voisin du précéd. : HOURI à Gr., lougre, HOUARI, à T.-N., canot, barque, en a. *Wherry*, dérivé de *Ferry*, passage, en v. fr. la *Fère*, en a. sax. *Faru*, en all. *Fœre*, en holl. *Vaer*, en suéd. *Fœria*, de l'a. sax. *Faran*, aller, resté dans l'a. *Fare*, aller, se porter bien, d'où *Farewell*, adieu. Le Mar, dans son Dict., dit de wherry : « a boat used in rivers. »

HÈVE : « Hève en B.-N. se dit d'un rocher creusé en dessous et où les pêcheurs poursuivent les crabes. » (Et. sur le litt. de Fr. *Mag. pitt.*, 1857). De là le cap de la Hève : ce mot semble venir de *Heave*, lever en a., d'où *Heavy*, lourd, ou de *Haefwe* en suéd., mais nous croyons plutôt que c'est une forme scand. *Haven*, *Hafn*, crique, port, dont la form celt. est *Haber*, V. ABER, auquel ils faut rattacher HEBERGEMENT, nom de lieu, sign. habitation, dans la Manche : V. l'Atlas de Bitouzé. Bernardin de St-Pierre transforme la barre de la Seine en la déesse *Heva* qui se dérobe à la poursuite de Neptune (*Et. de la nat.*). L'a. a gardé la forme scand. dans *haven*, port.

HOMME, s. m., île ou presqu'île d'eau douce, le *Holm* scand., commun dans la top., Stockholm, Bornholm, &. n'existe en n. que comme nom topog., en bas-l. *ulmus, Holmus*, comme St-Quentin-sur-le-Homme, Poilley-sur-le-Homme, Mathieu, en l. *Mathomum*, etc. On trouve les dim. HOMMET, comme l'île du Hommet, près Cherb., et HOMMEEL, *Holmellus*, ou l'Ile-marie, île sur l'Ouve; on disait encore le *Humez*. Toutefois à Guern. HOUMET sign. île d'eau douce; en éc. *Holm*, île; les Holmes sont nombreux dans le canal de Bristol, et en pat. a. *Holm* sign. une petite île ou delta des eaux douces (Halliwell), Cambden cite ce mot pour signifier défense et en tire *Helmet*, casque. Ce mot entre dans l'ét. du nom prim. de Caen, *Kathum*, l'île du passage, enfermée entre l'Orne et l'Odon. Dans les anciens doc. n., Holme sign. une prairie plus ou moins entourée d'eau, et se présente avec le pléonasme d'*insula* : « Locum ipsum, scil. insulam Ulmi. — Insula quæ dicitur Rimberhome — insula que vocatur le Home, — Pratum de Hulmo — Quatuor acras prati cum tribus holmis — Terciam partem unius hammi. » Ces îles d'eau douce rendent moins singulière la dénomination des îles S. Marcouf (Manche) : « S. Marcoulf de lisle de la mer, » dans une charte traduite, qui reproduit à peu près celle du XIe c. : « Dedi ecclesiam S. Marculfi et duas insulas que sunt ibi in mari. » HOMME, HOUME se changent souvent en HOU. V. ce mot.

HORIÈRE, prostituée, comme en v. f. : « Tout hourie et hourière et tous ribaut qui n'ont II faudrees de draps» (Acte du XIIIe s.); en a. *Hore* et *Whore*, en suéd. *Hoeru*, en holl. *Hoeré*, en all. *Hur*, en a. sax. *Hure*; de là l'a. *Harlot*, pour *Horelet*, que l'on a très-singulièrement tiré d'Arlette, la mère de G. le Bâtard. Le radic. de cette famille est *Hore*, mâle, auquel se rattachent sans doute le *Hard* a. et le Hardi fr.; le n. HARDEAU, ribaud, HARDELLE, fille de joie, lui appartient, ainsi que la branche *ore*, prostituée, d'où le surnom d'Isabeau de Bavière, la Grand'Gore, le n. GORIN, porc (Orne) (*Almanach argentenois*, de Chrétien, pour 1836.), GORER, couper une truie, etc. V. cette branche aux Orig. l. et ses rapports avec le gr. χοιρος, porc.

HOU, s. m., suffixe commun dans la top. n. avec le sens d'habitation, le *House* a., maison, le *Haus* all. et isl. et précédé d'un n. pr.: Néhou, Quettehou, Pirou, Bléhou, Lihou, (roc de Granville), Tatihou (île de) près St-Waast, etc. ou habitation de Néel ou Niaul en danois, de Quette ou Quetter, et il y a encore beaucoup de Quettier en B.-N. etc. Tous ces Hou sont du Cotentin ou diocèse de Cout. et même la maison de Quette s'y trouve sous la triple forme germ., scand. et lat. dans Quettehot, Quettehou, Quettréville. Toutefois, malgré l'interprétation généralement admise de *Hou* par *House*, *Hus*, maison, nous croyons que c'est souvent le *Holme*, *Houlme* scand.; ainsi toutes les localités précitées sont des îles ou presqu'îles, comme Néhou, île de l'Ouve, par exemple: ensuite elles ont été généralement latinisées en *Humus*: le *Livre noir* de Cout. donne *Nigelli humus*, pour Néhou; *Katehumus*, pour Quettehou; on trouve même *Hulmus* pour ce dernier: « In Chetehulmo unum molendinum », dont *Humus* n'est que la réduction. On trouve dans les archives de St-Etienne de Caen: « Le hou-Cairon », qui serait un vrai holme, s'il s'appliquait à Cairon, près Granville, situé sur la mare de Bouillon; c'est ainsi que la presqu'île de Granville s'appelle le cap Li Hou, avec l'article roman. Quoiqu'il en soit un certain nombre de mots fr. et n. ont été rattachés au *House*,

Hus du nord, et Lacombe cite comme v. f. *Haus*, *Hause*, maison, Hutte, CAHUTTE, CAJUTTE, cabane, en v. f. *Huge*, chaumière, et contracté en CUTTE, on dit : « une cutte à brebis », bergerie, d'où CUTTIN, avare, litt. qui vit dans une hutte, CUTTE (jouer à), à se cacher dans des réduits, des recoins, le jeu que Rabelais appelle *Cute-cache*; Ménage remarque que de son temps on disait CABUTE en n.; on dit HUCHE, porte, en H.-N. : « Sans cha je n'érions jamais eu de sergent à notre huche.» *(Farce des Quiolars,* p. 29). BIHUTTE et à Val. BIJUDE, hutte : il y a dans l'arr. de Caen, Préaux-la-Bijude; toutefois le germ. *Hurst*, forêt, resté en ce sens en a. explique beaucoup mieux Hutte; mais les suivants se rapportent à *House* : CAMBUSE, petite maison, cabaret, pris en mauvaise part; CAMBUSE, à bord des bâtiments, soute aux liquides, et CAMBUSE, cabaret dans les forts; le f. Blocus de l'all. *Block-hus*, maison de bois, qui garde la forme germ. dans le fr. Blockhaus, fort en bois, usité en Algérie. On peut aussi y rattacher la *Hanse*, du moyen-âge; Rouen avait sa corporation commerciale dite la *Hanse*, et ce mot y désignait spécialement la maison où se réunissaient les bourgeois pour l'élection des magistrats : l'a. tire de House, *Husband*, mari, litt. le serviteur de la prison. Il y a sans doute identité entre HOU, HAM et *Hall* : celui-ci donne au fr. Halle, Salle et Hallebarde (*Hall.,* salle et le goth. *Barta.*, hache), à l'a. *Hall*, et à la N. des noms top. comme Bréhal, la Halle, la Salle, maison seigneuriale, la Hallière, &.; mais ce dernier peut être une forme de Haye, Hayère, Halliere et conduit au fr Hallier; mais beaucoup de manoirs a. sont appelés *Hall*, et ce mot est latinisé en *Haula*, *Halla* dans le Dom's day : « Ibi habuerunt Torsin et Fingal II haulas; » HALLIER, ouvrier loué à la halle.

HOUGUE, HOGUE, HEUGUE, s. m. éminence, principa-lement au bord des eaux; autrement c'est le PUY, mais ces mots scand. n'existent plus qu'en topog., ainsi que les dim. la Hoguette, la Hoguelle, le Houguet; toutefois à Guern. Hougue sign. hauteur *(Rimes guern.)*; c'est l'isl. *Haug*, monticule. On peut citer la Hougue, près St-Vaast, où s'est livrée la bataille de ce nom, Hougue-bie, litt. habitation de la hauteur, à Denneville, et en face à Jersey, Hougue-bie, éminence avec une légende sur le sire de Hambie, et qui cède son nom à *Princess'-tower*, la Heugue de Jobourg, falaise de 400 pieds., la Hoguelle de Champeaux, la Houguette de Bouillon, etc.; ce terme surabonde dans la Manche, la Scandinavie n. Le v. f. l'employait comme nom commun : « El sumet de une hoge » *(Liv. des Rois)*; en bas. l. *Olga*; on disait même *Ahoge* en v. n. : Benois parle d'un châtel : « Od hericons et od fossez ahoges et parfunz et liez » *(Chron. II, 28,131)*. De là l'adj. n. Hogu, hautain, le fr. Rogue, et l'a. *Huge*, élevé. Hog entre dans la comp. de beaucoup de noms top. n. : Heugon, Heugueville (sur la Sienne), Heugueville-en-Caux, Heugueville-en-Vexin, Houquetot, Houguemare, et probablement dans Houtteville, Houville, Houdetot et Hottot, et aussi Orglande, autrefois Oglande, litt. terre haute, comme le château d'Olonde, tertre dans des marécages. Une île du golfe de Finlande offre le même mot, *Hogland*. Ce mot affecte encore la forme Hoc, Heuc, du genre masc. : il y a la pointe du Heuc à Jobourg, le Hoc en St-Clément à Jersey, la pointe du Hoc à l'embouchure de la Seine, le Hoc ou cap de Cancale, en face du roc de Granville ou de Lihou, qui est colonie de Cancale, reproduisant la coiffure des Cancalaises, leur langue, leurs mœurs et jusqu'à la topog., ainsi vous avez à Cancale et à Gr. la Houle, quartier des pêcheurs, Hirel dans leur voisinage, &. M. Worsaae signale le scand. *Haw* et *Huugh*, en a. *High*, avec le sens de colline, dans la top. a. *(The Danes in England)*. On trouve encore en n. la forme Huge : il y a plusieurs Huges dans la Hague; c'est l'a. *Huge*, élevé, le fr. Huche,

Hucher, etc. On y trouve aussi des hauteurs appelées HUTCHEUX. Nous croyons aussi que Hogue est devenu ROGUE dans Omonville-la-Rogue, comme dans le n. ROGU, hautain. Le n. HEUNE, tête, en fr. Hune, le haut du mât, est une des formes des précédents : HEUNE sig. encore la tête de la cloche, où l'on attache la corde ; il en est peut-être de même de *Hourdis*, retranchement, camp, en v. n. qui est dans dans la *Chron. de N.* sur la bataille d'Hastings, en v. f. *Hourdir*, fortifier. HAGUE est aussi de cette famille. V. Hague : il y a dans la Hague le mont Haguez, sur lequel existe une légende de M. Ragonde *(Mém. de Cherb.)* Hog est identique de sens et d'origine au l. *Jugum*, d'où nos mots Jou., Jobourg, Juganville. Quant au suffixe Hue, c'est un n. pr. : Mesnil-Hue, *Mesnilum Hugonis*, la Haye-Hue, au 17e s., auj. Haye-Bellefond, *Haya Hugonis*.

HOULE, HAULE, s. f., concavité du sol, dépression arrondie, différente de la vallée qui est allongée, existe dans le fr. Houle, creux de la vague, Houler, et sans doute dans Houillière et Houille : c'est l'isl. *hol*, creux, en a. *hole*, trou, *hollow*, creux. Ce mot n'existe en n. que dans la topog., la Houle à Gr., la Houle à St-Quentin, Cadhole, vallée près de Vire, Houlegatte, V. Gatte, etc. Les Haules abondent dans la Manche, où il y a quatre rivières de ce nom : on disait *haule*, trou, en v. f. ; il y en a aussi dans le Bessin, pays très-scandinave : la Haule de Surrain, la Haule de St-Laurent-sur-Mer, etc. Nous avons aussi nos Hollandes dans les Hoelland, terre basse, le Hoelland du Val de Ver, le Hoelland aux Molles, etc. ; HOELLAND, s. m., espèce de crustacé dans la Hague ; HOULIN, le maya (de Gerville. *Et. sur la Manche*, 3), litt. qui se *houle* sous les pierres ; HOULER (se), se glisser dans un creux, une *houle* ; HOULET, s. m. brèche et trou du terrier ; HOULLIER, qui fréquente les bouges, se dit en H. N. et en bret., courtier de débauche : « m'appellent houllier, calleux et vieux pendart. » *(Muse n.)* ; HALOT (Av.), s. m., coque de châtaigne, trou de ce fruit, peut-être de Haller, tirer ; BAT-LA HOULE, petit navire, mâté en goëlette. Cf. l'a. *Swallow*, avaler : en v. a. *Swale*, vallée, et dans le Northumb., *Swallow*, creux dans la terre, selon *Halliwell's dict.* ; HOULE (Av.), grosse dame-jeanne à gros ventre et goulot étroit. HAULLE : ce dérivé de l'isl. *Haul*, en a. *Hall*, d'où vient le fr. Hâlle et Salle, et qui sign. habitation et ensuite la grande pièce de l'habitation, subsiste dans sa forme primit. dans beaucoup de noms n. locaux comme la Haulle, comme Tourville-la-Haulle, etc., et existait en v. n. comme subst. : « L'eschiquier fut ordenne et la place eslue as baules as Pelletiers en la vieul Tour.» (de Rouen) ap. Floquet. *H. du Parl.* 1,222). Toutefois ce mot est quelquefois une des formes de HOULE : V. ce mot. Cf. le gr. Αὐλή, le l. *Aula.*

IADE (Vire), écuelle, en v. f. *Jadeau*, en fr. Jatte : « hanaps, jadeaulx, salernes, tasses, goubelets et telle semblable artillerie bachique » (Rabelais, L. V. ch. 34). JADÉE, jattée ; ces mots viennent de l'isl. *Jata*, qui sign. la même chose ; en n. JALOT, s. m., petite jatte, est le dim. du v. f. *Jale*, même sign.

IARL, cette forme isl. d'*Eorl*, chef, semble être restée dans un rocher que Cassini indique sur un rivage fortement scand., celui d'Omontville, en Hague, le rocher de Iarlebout, litt. la butte du Iarl. La rivière de Portbail, peu éloignée de la Hague, est désignée par un nom de physionomie scand. dans une charte de Richard III : « Abbatia quæ dicitur Portbail quæ sita est juxta aquam Iorfluctum. » (ap. du Cange. V. Abbatia) auj. Gerefleur. A propos de la dignité de Iarl, signalons le v. f. *Reeve*, prévot, vers 1,000 (Lacombe, *Supplément*) ; resté dans l'a. *Reeve*, bailli, peut-être de l'a. *Reave*, ôter, dépouiller et de ses congenères, *Rauben* en all. et *Rofwa* en suéd. Un nom très-scand., *Bior* subsiste en N. : dans le Bessin il y a la delle de Bior : il y a des familles Bior à Denneville, à Savigny ; il y a aussi des Hostingue à Denneville. Ioio, terme enfantin, cheval, on. de hennissement est par le *Gl. n.* rapproché de *Ior* et *Io* des anciennes langues du Nord.

IB (Dieppe), flux, en fr. Ebe, très-peu usité en fr. ; on dit en n. : c'qui vient d'ébe s'en va de jusant, » prov. cité par de Brieux (*Orig. des cout. anc.* 78), modernisé en fr. : « ce qui vient de flot s'en va de marée.» Ce mot domine dans les langues du Nord : *Ebb* en suéd., *Ebbe* en all., *Eb* en holl., *Ebba* en a. sax., *Ebb* en a., pron. comme en n. Ce mot a été aspiré : « une estalière de hebe et autre de montant » (Charte de 1282). Quant à Jusant, c'est un dérivé du v. f. *Ius*, en bas.

IGNELLI (Guern.), vif, gai ; INEL (Al.), alerte *(Gl. n.)* en v. f. *Ignel*, *Isnel* : « D'un home pereceus je dirai : ce est une tortue ; de un isnel je dirai : ce est un vent.» (Brunetto Latini, *Thrésor*). « Icest beste est si isnele. » (G. de N. *Best. divin* v. 230). A Mortain, IGNAUMENT, IGNAU sign. sans façon, directement ; à Mortagne, INÈLE, vif, leste ; de l'isl. *Sniall*, ou du v. all. *Snel*, en all. *Schnell*, en it. *Snello*.

JERRY, Jersey, JERRIAIS, Jersiais (Manche et île n.), on dit à Val., le soir au coup de canon de cette île : «V'la l'canon d'Jerry. » Cette forme du nom scand. de Jersey, a des précédents dans les chartes du M. S. M. : « *Guerroii insula*, » ainsi que Guernesey « Guerneroi. »

JEUPE, jupe, de l'isl. *Hiup*, vêtement de femme, JEUPON, jupon, en a. *Gipon* : « a short cassock, » dit Cotgrave ; Jupe se disait en patois éc. : « take aff my costly jupe » (Percy's ballads, *Hardy Knute.*)

KIRK., église : cet élément scan. et all., commun en
A. et surtout en Ecosse, où l'église nationale s'appelle
Kirk, en a. *Church*, et qui est visible en fr. dans Dun-
kerque, l'église de la dune, existe en N. dans Querqueville, Querquebut, Carquefou ; le Querquebu du Cotentin
a son exact équival. dans un village près de Copenhague,
dit D. Huet *(Or. de Caen*, 296), appelé Querkebi : or les
Danois, selon le même auteur, prononcent *Bu* la finale
Bi, suffixe d'habitation, comme les *Bu*, les *Beuf* de N. ;
ainsi Mesnil-bœufs est un hybride et un pléonasme,
comme beaucoup de noms de rivières et de terrains.
Toutefois Bu peut représenter Bosc, comme Tournebu,
dans le *Liv. noir* de Cout.. *Tornebosc*. V. BOSC, aux Orig.
celt. Il y a encore chez nous un nom scand. voisin de
Kirk par la forme, c'est l'is. *Creek*, le f. Crique, visible dans
les noms loc., La Crique, Criquetot, Criquebeuf, Criqueville, Yvecrique, près de Criquetot, au bord de la mer.
QUERQUE s. f. (Bay), pisé *(Dict. de pat. n.)*

MIOLLE, MIOLETTE, s. f. hydromel, qu'on boit encore
aux marches bret., c'est le *Miod* du Nord, en l. *Modonem :*
on voit encore à Paris l'écriteau : Bon miod du Nord.
En a. *Mead*, hydromel : de là l'a. *The meathe*, la boisson.
Toutefois les Bretons appellent aussi l'hydromel CHA-
MILLARD, sur nos marches, mot qui renferme l'idée de
miel. Du reste MIOLETTE peut bien être pour Mielette,
liqueur de miel. V. Fabricius, *Mem. des Antiq. de N.* : « si
quis attulerit siceram, modonem, vel moratum (vin de
mûres) » *(Consuetudo* Cadomi). En N. les Contributions
indir. font figurer sur leurs registres : « Cidres, poirés,
hydromels. »

MORFAR : ce nom scand. a disparu dans la forme
actuelle de Montfarville, dont l'ancien nom était *Mor-
farvilla*. Un autre nom scand., Drogon, s'est réduit en
Drey, dans Mesnil-Drey, que le *Liv. noir* de Cout.

nomme *Mesnilum Drogonis* : c'est pourquoi Moidrey, pop. Maidrey, sign. aussi le Mès (mesnil) de Drogon : Dragey pourrait être aussi ce dernier mot. Le souvenir d'Ogier le Danois s'est conservé dans la chanson pop. : « Qui est dans cette tour, Oger, Oger? »

MOURME, MOURNE (pron. Mouourme), MOURNÉ, adj. triste, délicat de santé ; MOURMAUD, morose : en goth. *Mournian*, pleurer, en v. all. *Mornan*, en a. *Mourn*, en prov. *Morn*, en fr. Morne : quant à Morne, butte rocheuse et stérile, c'est sans doute de son aspect morne. En a. *Mourning*, deuil.

NAFRE, s. f. coup, blessure, NAFRÉ, blessé, comme en v. f. : « e des nafrez qui puis morurent » (R. de Rou, v. 7889), le fr. navrer ; il y a près d'Av. un bois de la Nafrée, où la tradition place un combat ; il y a auprès la terre de la Mont-guerrière. En isl. *Nafar*, foret, vrille ; en v. all. *Narwa*, cicatrice, en all. *Narbe*; *Nafra* dans l'Isère sign. balafre (M. du Meril, *Essai*, 323) et en pic. *Navreuse*, blessure. Le v. n. distinguait entre la nafre et la blessure : « personnes nafrées et blessées de leur corps» (*Capitulation* de Bay, en 1450). Le mot isl. explique le genre de plaie, perforation.

NAPIN (Orne), petit garçon, en isl. *Knapi*; de là NABOT, petit enfant, nain ; NABOTTE, naine.

NÈS, NEZ, le *næs* scand., promontoire, commun en A. en *Ness*, très-commun en N., surtout dans la Hague, la Scandinavie n. : le Gros-Nès de Flamanville, le Nès de Jobourg, le Nès de Querqueville, le Nès de Carteret, le Nès de Tancarville, le Nès-roc, rocher de l'anse de Plainvic (Hague), le nès Kilachi, à Auderville (ibid.), non loin du rocher Betchu (BECCU, bégu), que les Haguais appellent le Cap-nord de la Hague; le Nès, cap au nord

de Sark, Gros-nès à Jersey, etc. Les nès règnent sur le
littoral pic., le cap Gris-nès, le cap Blanc-nès, etc.
NESS était un nom commun en a. : « The wind vered
(vira) to the S. O. and we bare cleere of the ness. »
(Hackluyt, *Voyages* 1,310), et *ness* se dit encore en marine pour cap ; Skinner cite *Foreness*, promontoire.
Nous n'avons sans doute pas la forme *Ore*, promontoire
de sable : « Ore, sandy point of a promontory » (Worsaae, p. 61, *The Danes in England*.) Le scand. *Ore*, *ayre*,
le Strand, ou langue de terre ou de sable, qui se trouve
en Angl. dans le *Nore* sur la Tamise, dans *Greenore
Point*, *Carnsore*, entre sans doute dans l'ancien nom de
l'île d'Aurigny, *Orney*, litt. l'île de sable, comme disait
encore Vauban dans son *Mém.* sur Cherbourg, et dans
les Iles Orkney. Urville avec son cap sous-marin des
Rases bannes repond à cette ét. Une charte du Conquérant porte : « Ecclesiam de Aurenoio » (Aureney.) V. EY,
île, art. auquel on peut ajouter deux îlots devant Jersey,
la Petite et la Grande Ankley.

LAND, terre, surtout terre indivise, vague, d'où le
fr. Lande, est épars sur le sol n., dans les Landes, les
Landelles, la Londe, Lentille, mais plus purement
dans Estelan, terre de l'est (D. Huet. *Or. de* Caen, 299),
dans Orglandes, dans les communes de Séland, auj.
Céland, sur les bords de la Sée. Lentilles, forme de
Landelles, subsiste dans la terre de Lentilles (Av.), berceau du poète Jean de Vitel, fin du XVIᵉ s. : « Les bois
de Lentilles — où caroloient les Dryades gentilles. »
(*Poésies* de J. de Vitel, poète Avranchois.) Londe reste
dans beaucoup de Petites et Grandes Londes, dans les
trois Londe de la H. N., et dans la comp. de q.q. mots :
Etoublon, « ad capellam S. Mich. de Stublond » (*Rôles
de l'Ech.* en 1201), Iquelon, lit. terre de l'eau, au bord
du Bosc, Crollon, Etaloude ; *Lond* est même la forme
archaïque de *Land* en a. et se trouve dans R. de Glou-

cester, R. Brunne, Wiclif. Le 1ᵉʳ appelle l'A. *Engelonde*.
Le Lendin est un terrain à la lisière de la forêt Brotonne.
Le dim. Landelin semble exister dans St-Sauveur-Lan-
delin, mais c'est le nom du seigneur *Edolinus* ; forme
latine du scand. *Edel*, illustre. V. ce mot. En n. LANDE,
s. f. l'ajonc épineux, LANDAGE, sol couvert d'ajoncs et
d'autres broussailles et bois d'ajonc, sans doute le GLON-
DAT, ajonc, attribué à tort au dép. de la Manche par le
Gl. n. En H.-N. LARRIE, landè, contr. de Landerie.

LOU, LOULOU, pou : en suéd. *Lus*, en holl. *Luys*, en
all. *Laus*, en a. *Louse*, d'où *Louse-wort*, la pédiculaire ou
herbe aux poux, *Wood-louse*, cloporte, en n. POU DE BOIS.

MACHACRE, s. f. carnage, de l'isl *Massa*, tuer, en fr.
Massacre. Il y a à Caen la Tour du Machacre, et un acte
de 1260 cite « portam du Machacre. » A Rouen, à Bay,
la rue du Machacre est ce qu'on appelle ailleurs rue des
Bouchiers. RAMACHACRE, s. m. chasse de nuit, où l'on
rabat et massacre les oiseaux ; MACHACRE, boucherie ;
« cachier à la machacre, » c'est assommer le gibier à
coups de bâton. Ce mot sign. encore viande de boucherie : « un gigot de machacre » (Petit. *Muse n.*) ; de
même en v. f. « Vindrent regarder le machacre » (*Tombel de chartrose*) ; d'où *Machacrier*, boucher : « esteit
machecrier, » dit Wace de Beróld, le boucher, qui
échappa au naufrage de la Blanche-Nef. MACHACRER,
massacrer, MACHACRE, s. m. celui qui massacre une
besogne. On trouve en Ecosse une espèce de *Celt*, c. a. d.
de hache celtique, que les antiquaires appellent du
vieux terme scand. *Paalstab*, dont le syn. récent a. est
Palstave, de *Stab*, bâton en all. d'où l'a. *Stab*, poignarder
assassiner.

MAN, homme. V. l'art. BRUMAN auquel il faut ajouter
TRUCHEMAN, entremetteur de mariages, litt. l'homme de

confiance, *truth-man*, le fr. Truchement, et FRANCS-BREMENTS DE LA VIEILLE CARUE, existant encore à Caen. (V. *Hist.* des *Corporations* par Ouin-Lacroix.)

MATTES, s. f. pl. lait caillé, ou plutôt CAILLES de lait, de l'isl. *Mat*, lait, d'où le fr. Mets, en v. f. *Mat* : de même en pic. ; on dit aussi en pic. et en n. MATON, caille de lait : « Le lait, le maton et la craime. » Toutefois MATTES pourrait être une forme de MOTTE. V. aux Or. lat. ; du moins on dit du lait MOTTELONNÉ, coagulé, et ce mot s'applique à tout ce qui est agglutiné. De là MATON, s. m. brique, ou terre agglutinée : toutefois ce peut être la contr. du v. f. *Matinon*, pain.

MELLE, MOUELLE, s. f., anneau, le fr. Maille, derivé de l'isl. *Mal*, fibula, *Malla* en esp., *Maile* en v. f., *Mele* en v. n. « Mainte mele faussée » (R. de Rou, v. 4014.) Il y dans les foires b. n. le *Jeu des mouelles* : « chinq mouelles pouer un sou ! » crie le maître du jeu : c'est le jeu a. dit *Quoit*.

NONNERIE, s. f. couvent de femmes, et propriété de couvent de nonnes, resté dans les noms terriens, par ex. dans la terre de la Nonnerie, sous Av. ; en a. *Nunnery*, couvent de nonnes, de l'isl. *Nanna*, vierge, en a. *Nun*, nonne, en all. *Nume* : ce dernier se rapproche de Nympha, νυμφη. NOUNETTE, petite nonne, nonain ; une chanson n. dit : « Je suis nounette, nounette : le s'raije trejous ? » NOUNETTE, ou BÊTE AU BON DIEU, insecte, la coccinelle en a. *Lady-bird*, oiseau de la Vierge. La claustration forcée est un thême pop. n. très-commun et on dit pour se faire nonne « se rendre religieuse. »

NORDAIS, NORRAIS, qui est du nord du dép. de la Manche : Norreiz, dans Wace et dans Benois, désigne les Northmans : « Man en Engleiz et en Noreiz senefie hom en Francheiz (R. de Rou, v. 110) ; on trouve dans

10

les rôles n. : « Pierre Norreis » (1198) ; on disait aussi Norois : « Bernier lait corre son bon destrier norois » (Raoul de Cambray. p. 97).

OISSEL, latinisé en *Oscellus*, reste dans une île de la Seine, fameuse à l'époque des invasions des N., et se retrouve dans les contrées d'où ils vinrent : il y a l'île d'Œssel dans la Baltique. M. Le Prevost a fait une dissertation sur notre île d'Oissel (*Antiq. de N.* 1er vol. 510). Il y a en N. Oissel-le-Noble, arr. de Lisieux, et Oissel-la-Rivière, arr. de Rouen. Il ne serait pas impossible que ce fût le dim. du *Vik* scand. ; du moins le Vicel, arr. de Val. est latinisé en *Wisel* dans le *Liv. noir de Cout.* Ce peut être aussi le dim. du l. *Vicus* ; ce qui le ferait croire, c'est qu'un nom essentiellement scand. existait avec Oissel : « Insula Oscillas quæ alio nomine Corhulmus dicitur » (ap. Le Prevost, *Ibid*).

ORE, V. l'art. NÈS.

PEUFFE, PEUFFRE, friperie, de l'isl. *Pelf*, dépouille, en a. *Pelf*, chose de peu de valeur ; il gardait son sens ét. en v. n. : « chargez s'en vont de la pelfre as cheitifs » (G. Gaimar, *Chron. rimée*). On dit aussi PEUFFRERIE, un ensemble de vieux vêtements ou meubles ; les quartiers consacrés aux fripiers s'appelaient la *Peuffrerie* et la *Peuffre* : il y a à St-Lo une rue de la Peuffe et de la Peufferie. De PEUFFE viennent PEUFFI, fané, anal. au fr. fripé, et PEUFFIER, fripier, PIAUFFRER, chiffonner, (Mortagne) et embrasser avec force. On trouve dans une charte n. Ric. le Pévrier, et « Will. Peverellus » en est peut-être le dim. Il y a des familles Peveril en N. comme en A. V. le roman de W. Scott. *Peveril du Pic. Pelf* est traduit par *Rubbish*, *Refuse* dans le *Dict.* d'Halliwell.

PION, espion, maître d'étude, en argot de collége, du fr. Espion, Epier, en a. *Spy*, en goth. *Spia* observation ; PIONNER, surveiller les élèves, chercher à les surprendre ; PIONNERIE , office de surveillant et l'ensemble des maîtres d'études. Cf. Pion, terme des échecs, satellite.

PIPET, tuyau de chaume, en fr. Pipeau et Pipe, dérivé de l'isl. *Pipa*, fistula : en a. *Pipe*, pipeau, d'où *Bag-pipe*, cornemuse, litt. flûte à sac ; de là PIPER , aspirer un liquide avec un chalumeau, PIPETTE, petit chaume, ou chalumeau : « jouer de la pipette » (Val.) jouer sur un brin de paille ou d'écorce vide de son bois ; PIPEUR , fumeur, en a. *Piper*, joueur de cornemuse ; PIPETTE, s. f. petit fumeur.

POULIER , mouvoir avec une poulie : ce mot est d'orig. teutonique, comme son syn. Boulin, Bouline, dérivé de *Builin*, en frison, corde., en all. *Bulienen*, en a. *Bowline*. POULIEUR (Cherb. et les ports n.), fabricant de poulies. POULIN, pièce de bois inclinée par où l'on hisse : ainsi les POULINS du M. S.-M. ; POULIN sign. aussi un double arbre horizontal sur lequel glisse un tonneau etc. POULINER, pousser sur un poulin , POULIAGE , s. m. action de poulier. Il y a au Havre un tas de galets qu'on appelle le POULIER. L'a. *Pull*, pousser, est de cette famille, Cf. le l. *Pellere*.

QUENOTTE , dent, dent d'enfant, de l'ils. *Kenni*, mâchoire ; le v. f. avait *Quennes*, V. R. du Renart, v. 7343.

> Et ne porquant qatre des pennes
> L'en remistrent entre les quennes.

RAFALE, misère, métaph. du f. Rafale : « Il est tombé dans la rafale » ; de là RAFALÉ, RAVALÉ, ruiné, spécialement au jeu ; RAFALEUR, qui gagne au jeu, pris en mauvaise part ; Rafale vient de l'isl. *Falla*, tomber, en a. *Fall* et *Fail*, en l. *Fallere*, en f. Faillir. Ce dernier mot s'emploie étrangement en n., on dit : « FAILLI GAS » mauvais garçon, FAILLI CHIEN, litt. gas manqué, etc., ce mot joue le rôle du préfixe Mal, Mau. RAFALE et ses dérivés sont aussi argotiques et peuvent dériver de Ravaler.

RAN, bélier, de même en a. *Ram*, et en pic., en isl. *Ram*, robuste, ou plutôt de Renne, en l. *Rangus*; on dit dans le Cot. : « fort comme un ran. » On appelait en v. f. le mouton *Marran*, litt. mauvais ran. SÉCRAN est un veau sevré, litt. Ran à sec, mot qui s'est sans doute dit d'abord du bélier, en all. *Rammel*. L'idée première est sans doute celle de mâle, en gr. αρρην conservé dans le pat. de Cahors, *Avrenat*; en basque *Arra*, mâle (M. M. du Méril, *Dict du pat. n.*) On appelle RAN ou CORNE DE RAN la coquille Bernard-l'hermite, dit encore TAURION, corne de taureau, et l'*ostrea arcuata*. Nous croyons que Ran s'applique à la Corne d'Ammon ou Ammonite, fossile recherché au moyen-âge. M. de la Rue a trouvé dans un ancien cérémonial de Bayeux qu'à certaines époques on en plaçait sur l'autel. Dans l'*Essai sur Bay.*, Pluquet cite cette insc. du xve s. sous l'orgue de la cathédrale et sous une ammonite, laquelle renferme la croyance que c'était un serpent pétrifié : « Credite mira Dei, serpens fuit hic lapis exstans. » L'hermaphroditisme se désigne en n. par l'association tirée des animaux, Gerce et Ran, Por et Trie; en a. *John and Joan*, désigne l'orchis en tubercules ; on dit aussi Monsieur et Madame. V. *Halbique*. M. du Méril, *Fable Esopique*, 126, signale RAN dans le *French-english Dict.* de Cotgrave, édition de 1650.

RAS, RAZ, courant marin violent sur les côtes, resté en fr. dans Raz de marée. Les marins bretons disent : « Mon Dieu, protégez-moi en passant le raz, mon navire est si petit et votre mer est si grande. » Du reste ce mot n'existe en n. que comme terme local : le Raz de Gatteville, signalé dans les récits du naufrage de la

Blanche-Nef sous le nom de Raz de Catte, le Raz Blanchard entre Aurigny et la Hague, le Raz du cap Lévi, le Raz de Bannes, le Raz de Fontenay, tous dans le dép. de la Manche. Dans ce dernier lieu les marins célébraient leur baptême, ce qui n'a plus lieu que sous la Ligne : ce baptême du Raz de Fontenay ou de Fonteneau est raconté dans l'*Hist. des Flibustiers*, par Dexmelin, 1, et dans Jal. *Gloss. nautique*. Ajoutons le Raz de Langrune. Ce mot dérive de l'Isl. Ras, en holl. et en flam. *Ras*, sign. vite, en suéd. *Rad*, en a. sax. *Rath*, se hâter, et *Rathe*, rapide. C'est sans doute à ces mots que se rattache RIDEN, nom qu'on donne sur les côtes de Picardie et de N., jusqu'au Havre, aux bancs de sable : *Ride* en suéd., aller, se hâter, *Inroad* en a. invasion, d'où *Road*, rade; RATTIER, RADIER, usité dans les ports, au Havre sign. banc, écueil ; le Rit est un banc devant Carteret; il y a dans l'arr. du Havre Radicatel, et Reviers est latinisé en *Radiverium*. Un riden à Calais contribue à former la rade. RATTIER, ruisseau dans les rues, le v. fr. donnait ce sens à *Raz*.

RATE, s. f., femelle du rat, de l'isl. *Rotta*; ce fem. existait en v. f. : « Fame est rate por tout confondre.» (Ap. Jubinal, le *Blasme des femmes*). De là le fr. Ratine, Ratatiner, Ratier, Ratière et prob. Rate, viscère, organe brun, comme le rat, et le n. RATONNER, faire des rats; RATIER, ratière; RATOIRE, ratière ; RATIER, celui qui détruit les rats; RAT-BAILLOT, le loir, en n. le LÉROT, peut-être rat-bâilleur, c.-à-d. dormeur, en a. *Dormouse*. ERATÉ, s. m., celui a qui on a enlevé la rate, dans cette loc. « courir coume un ératé.» En argot de collége RAT, petit ami, mignon ; en argot *Rat*, bourse : «prendre un rat par la queue, » c'est voler une bourse : « courir un rat » c'est voler la nuit dans un hôtel.

RICHARD, gros mauvais riche : Riche est l'isl *Riki*,

ou l'all. *Richi*, puissant; aussi Fortunat interprète Hilpéric par *Adjutor fortis (Help*, secours) (L. VIII, poème 1er). on dit à celui qui est fier de sa fortune : « Si t'es riche, dîne deux feis. »

RIMÉE, gelée blanche, vient plutôt de l'isl. *Hrim*, que du fr. Frimas (frémir); RIMÉE existe en pic. et en rouchi : *Rime*, frimas, en a. ; *Rüm* en dan.; *Rime* en Ht. all.; RIMER, geler blanc. Pour le soir, on dit : « à brume neïante, » quand elle noie les objets. BRIME, brume, paraît aussi bien venir de l'isl. que du l. *Bruma* :

> Brime du matin
> Met la mare au quemin.

On dit vulg. : « La brime mange l'orage. »

ROGIER, nom d'orig. septent. usité dans ROGIER-BOUON-TEMPS, type de jovialité, dont le prénom semble être issu du caractère même de Roger de Collerye : il se donne à lui même ce nom, qui dès lors existait avant lui :

> Je suis Bon-Temps qui d'Angleterre
> Suis ici venu de grant erre
> En ce pays de l'Auxerrois.

En A. les bergers appellent Roger, le RAN ou belier (*Halliwell's Dict.)*; en fr. on dit Robin mouton; en a. *Red-robin*, rouge-gorge, *Rag-robin*, le lychnis — fleur de coucou.

ROGNONER, grommeler, gronder tout bas. Cette on. est sans doute le v. n. *Rouner*, *Runer*, parler bas, en a. *Roune*; ce mot est rattaché par M. du Méril aux runes scandinaves, par le v. all. *Runen*, parler bas, d'une manière secrète. On n'a pas trouvé d'inscriptions runiques en N. sauf les inscriptions contestées de la chapelle St-Eloi, dans l'Eure; mais les inscriptions mérovingiennes offrent des caractères germaniques. V. du reste

sur ce sujet l'ouvrage de M. Éd. Le Blant sur les inscriptions de la Gaule (V. *Introd.*, 139). A propos de
runes, citons en v. f., sur l'autorité de Lacombe, *Saga*,
histoire ; les Sagamen ou Skaldes n. n'ont pas laissé
beaucoup de vestiges scand. Taillefer qui chanta à Hastings était un trouvère, son nom est latin et son chant
était la chanson de Roland, et Bernie, le *joculator regis*
ou de Guillaume, porte un nom breton. A Saga, dire, se
rattache l'a.-sax. *Segan*, et l'a. *Say*, dire, et peut-être *to
see*, voir, voisin du l. *scio* est peut-être le même mot
comme *Video* et ειδεω; Cf. le l. *Saga*, sorcière, de *sagio*, savoir. Parmi un certain nombre de mots danois usités dans
notre langue du moyen-âge, M. Fabricius cite *Bré*, lettre
(*Recherches*, p. 7).

ROGUE, s. f. collectif, les œufs d'un poisson, le frai :
en dan. *Rogn*, en holl. *Rogher*, en all. *Roghen*, en a. *Roe*;
M. Warsaae dit qu'en pat. a. c'est *Roun* (*The Danes in
England*, 87) ; et on trouve dans *Halliwell's Dict.* : « *Rone*,
the roe of a fish. » Les bretons appellent *Ravé*, le caviar;
ROGU, s. m., poisson femelle, opposé à LAITU, celui qui
a la LAITE ou laitance ; le n. ROGU, mâle, fier, d'où le fr.
Rogue, d'où l'a. *Rogue*, impudent, coquin, vient sans
doute de HOGUE, hauteur.

SCHLOUP, sloop : cette forme n. se rapproche le plus
de l'all. *Shlup*, en dan. *Slupp*, d'où le fr. Chaloupe, dont
le n. pourrait être la réduction, s'il ne s'en distinguait
par le genre. Ce mot semble reposer sur l'idée de glisser, en a. sax. *Slip* ; aussi la forme douce domine : en a.
Sloop, en dan. *Slupp*, en holl. *Sloep*, en fr. Sloop.

SNÊSQUE, SNÊSQUET : les nombreux rochers dits
Snequet, qui sont presque tous sur les côtes de la Hague,
rappellent le v. fr. *Esnèque*, vaisseau, l'isl. *Sneckia* :
« Piraticis navibus quas *Sneckas* appellamus » (*De pro-
fectione Danorum in terram sanctam*, dans Longebeck,

Rerum danic scrip., v. 348). Il y a au nord de la Hague la
SNESQUE D'AMONT, LONGUE-SNESQUE, GUESNESQUE (V. Cassini) Il y a le SNESQUET devant Regnéville. Le v. fr. *Escoi*,
vaisseau léger, vient de l'isl. *Skuta*.

SILLER (Guernesey) faire voile, du v. fr. *Sigler*, d'où
le fr. moderne Cingler, en dan. *Sigla* et *Sale*, en a. *Sail*,
faire voile. Wace donnait à ce verbe une forme n. dans
ce vers 470 du R. de Rou :

> De siglier pensent al espleit.

SOVENT, souvent : ce mot d'une interprétation difficile, se rapproche des mots du nord : *often* en a., *ofta*.
en suéd., *oft* en all. Cf. le gr. Αυθις. Toutefois des orig.
lat. le leur disputent, on trouve : « souffesantes fois, »
c.-à-d. suffisantes, et *fréquenter* dans le Liv. des Rois
est expliqué par *Subvenienter*. Shakespeare s'est servi
de SOVENT. En n. « Pus sovent! » est une forme de
refus et d'incroyance.

STOQUE, est quelquefois séparé de *Fish* (V. ce mot),
comme dans ce passage de la *Chron. de N.* p. 7 : « En
ces marches en ont grande abondance, comme stoques,
merlus et autres poissons. » C'est l'a. *Stock*, provisions.
On dit pop. : « Raide comme un stocfiche. » En argot
Stocfiche désigne un anglais.

STOURMI, ESTOURMI, reste dans des familles n.
L'Etourmi, c.-à-d. l'agité : c'est un mot favori de Wace,
Estormir, qui dérive du suéd. *Storma*, tempête, en a.
storm, id., et *to storm*, agiter (V. ANTOMIE).

SUND, détroit, en a. *Sund*, id., bien connu par le
Sund entre Suède et Danemarck, par Stralsund, etc.,
existe dans le chenal de Chausey appelé le SUND; ce
terme de séparation explique l'a. *Asunder*, à part, de
l'autre côté de l'eau. Chausey, près de la Bretagne avec

son Sund et sa hauteur sur ce détroit, dite Pointe de Bretagne, Chausey, l'archipel admirablement situé, nos Cyclades n., fait chanter ces vers des Feuilles d'automne :

> Avez-vous quelquefois, calme et silencieux,
> Monté sur la montagne, en présence des cieux,
> Etait-ce au bord du Sund, aux rives de Bretagne ?

De ce mot vient le fr. Sonde, sonder, en a. *Sound*, détroit, et sonder.

SU, sud : « Vent du su. » « d'ung bon vent de su qui lors souffloit. » (*Grandes Chron. de Bret.*) mot des marins; les paysans disent VENT-D'AVA, par opp. au vent de nord ou VENT-D'AMONT ; en isl. *Sud* et *Sydr*, cette dernière forme ressemble à une partie du nom d'un rocher, dans l'anse de Vauville (Hague), appelé *Syd-man*, dans Cassini. SUEST, sud-est : « le vent avait changé de l'oues au suès » (*Jal. Gl. naut.*). ASSUETIE, s. f., vent de sud-est. SU, en a. *South*, devient SOR devant une voy. : SOR-OEST, pron. *Soroès*, sud-ouest; l'esp. *Sur*, sud, se rapproche du n. l'Est se dit l'ÈS; Cf. le gr. εως, le l. *Oriens*, l'all. *Ost*, le suéd. *Oster*; SOROEST, vêtement à capuchon, ou espèce de casquette qui couvre la nuque, litt. qui garantit contre le sud-ouest; les Bretons appellent *Noroest* le caban, parceque ce vent est sévère dans la mer de Bretagne. NORDEST, pron. Nordès, vent de nord-est : « La cime d'un vent de Nordès. » (*Lettre* de 1701, au ministre de la marine); *Tide*, marée, en a. *Tide*, id., très-usité dans Wace et Benois : « Et tide orent e bon oré » était entré, dit Jal, *Gl. naut.*, dans la langue des marins n. »

SURELLE, oseille, parce qu'elle est sûre; or sûr, aigre, vient de l'isl. *Sur*, vinaigre; de là SURET, sauvageon, dont les fruits sont amers et acides, d'où SURE-TIÈRE, pepinière de surets; SURENGIES, s. f. pl. (Bay.) et

SURIAUX, rapports aigres de l'estomac. Le fr. Oseille *(Acetosella)* était en v. n. *Eisil*, vinaigre : « L'eisil but et le fiel gosta. » *(Bestiaire div.*, v. 2841), d'où l'a *Eisel* ; on a dit aussi *Ascil*, selon *Halliwell's Dict.* Aujourd'hui en a. *Sour*, aigre, en v. a. *soure* : «cider soure,» (Chaucer, *Compl. of Crescide.*) *Surelle* existe en a. dans *Wood-sorrel*, l'oxalis ou ALLELUIA. Rabelais cite une poire de Franc-Sorel. Du reste Sûr, en n. SU, SEU est un rad. commun aux idiômes celt. et germ. (V. SURELLE aux orig. celt.)

TAC, s. m., employé danc cette loc. : «Il en meurt comme du tac » c.-à-d. beaucoup : V. sur cette maladie du XVe s. le mot TA aux orig. on. En v. fr. *Tac*, pleurésie ; c'est l'isl. *Tak*. En fr. le Tac est une maladie des brebis.

TAILLIER, tailler, de l'isl. *Deila*, diviser, d'où le v. fr. *Deile*, faulx, d'où le fr. Douille. Lacombe cite *Daia*, faucher, *Daïe*, faulx, *Daille*, id. Cf. ce mot avec le n. DALE, et l'a. *Deal*, quantité. V. DALE aux orig. scan.

TALEVASSER : « cette expression existe encore en quelques endroits de la H.-N. pour exprimer l'action de personnes qui se heurtent durement. Talevasser sign. litt. heurter les boucliers les uns contre les autres » (H. Langlois, *R. de Rou*, 1er, 128). Ce mot viendrait donc du *Talvas*, bouclier, fréquemment attribué aux chefs n. dans les poètes n. comme dans ce vers 2517 du *R. de Rou* :

« As talevas se sout bien couvrir è moler.

G. de Bellesme fut appelé Talvas : «ob duritiam,» dit O. Vital. En v. a. *Talvace*, bouclier *(Halliwell's Dict.*). Il y a dans l'Av. des familles Talvassier, V. la p. 77 à TALEVASSER, car une on. est ici très-possible.

TATE, DATE, s. m., urine, comme en v. fr., : « Toi salive, date et ordure. » (G. Alexis, *Passe-temps de tout*

homme et de toute femme). V. Tar. En v. n. *Tai,* de l'isl,
Tad, saleté :

> « Einz est fet de tai et d'ordure. »   *Best. divin.* v. 807.

THULÉ, ce mot auquel « l'ultima Thule » de Virg. et le
« Thule dispecta est » de Tacite, ont donné de l'intérêt,
ainsi que les discussions sur le lieu qu'il représente,
très-probablement l'Islande, se retrouve trop fréquemment pour n'être pas un nom com. M. du Méril voit un
souvenir de pierre funéraire dans ce mot qu'il explique
par grosse pierre (*Mélanges, 134*). Il y a plusieurs Thulé
en N. notamment à Tréauville, Hague, où le Mont-Thulé
était, selon la tradition, couronné de pierres monu-
mentales (*Ibid.*) Selon M. Marmier, Thulé dériverait de
Thual, nord, en v. isl.; selon Cambry (*Voyage dans le
Finistère,* 1168), l'île d'Ouessant était connue des matelots sous le nom de Thulé. M. du Méril appuie son interprétation des présomptions suivantes : « Nous avons
une sorte de preuve que les hommes du nord conser-
vèrent en N. l'usage de marquer les tombeaux par de
grosses pierres, car elles étaient appelées dans quelque
dialecte norse *Thule.* La petite pierre funéraire du monument situé près de Hierup, dans la Scanie, est appelé
par les habitants du pays *Little Thule*, le petit Thulé »
(Ibid, d'après Ol. Wormius, *Mon. danic. libri sex,* 157).
L'inscription mérovingienne du cimetière de Lieu-Saint,
que M. de Gerville croit être celle du prêtre saxon
Hermer et de sa femme *Frule,* n'est pas sans quelques
rapports avec cet article (V. Ed. Le Blant, *Inscrip. de la
Gaule*). Quant à l'a. *Yule-log,* la bûche de Noël, qui en A.
comme en N. préserve du tonnerre et des maléfices, il
derive de l'isl. *Jul,* qui d'ailleurs, dans tout le nord,
designe la fête de Noël.

TOMBE, chûte, de l'isl. *Tumba,* choir; TOMBE, s. f.
(*Gl. n.*) arbre renversé, origine on.; l'a. *Tumble,* même
origine.

TONDRE, amadou, de l'isl. *Tundr*, allumer, ce mot existait en v. fr. :

> Et li tondres et li galet,
> Et moult arme de maint abet.
>
> *(Parthenopeus de Blois.)*

Tundre a le même sens en breton ; à Guernesey TON-DRIER désigne le briquet à l'aide duquel on enflamme l'amadou, *Tondre* se dit aussi à Boulogne.

TOUPET, s. m., tête : « se mettre une chose dans le toupet, » dans la tête, de là le fr. Toupet, perruque occipitale : c'est une forme de *Top* qui signifie sommet dans les langues du nord ; ainsi *Top* en suéd., en a., en holl., *Zopf* en all. « Aveir du toupet » c.-à-d. de la tête, de l'audace. « Rabattre le toupet » litt. les cheveux dressés fièrement sur la tête.

TOURP, TORP, l'isl. *Thorp*, village, resté en N. dans beaucoup de noms de lieu, comme *Clitourp (Klitor)*, qu'on a dit *Torgis torp*, village de Turgis ; on trouve Le Tourps, à Anneville en Saire et à Omontville, Hague ; il y a encore dans la Manche Cametours et près de Bay., Tours, dont le nom était *Toz* en 1096 ; il y a Torp-en-Caux, Torp-en-Lieuvin. Torp fut probablement usité comme nom commun : « Ero apud ipsum Torpum » (*Acte* de 1183). Toutefois Tour, Tor peut représenter autre chose, ainsi Tourville, arr. de Val., est dit *Torgis villa* dans le *Liv. blanc* de Cout., et Tourville est ainsi interprété dans des vers cités par D. Huet, *Orig. de Caen :*

> Le frère Turulfus fut Torf
> Dont en ce païs plusors villes
> Sy ont prins le nom de Tourville.

En a. sax. *Thorpe*, village et rue, en Belgique *Dorp* : « within a little thorp » (Fairfax, *Godfrey of Boulogne*), *Dorp*, en pat. a. sign. hameau (*Halliwell's dict.*), et dans la gram. de Palsgrave *Thorp, Thorpe* sign. village et *Thorps men*, villageois. C'est dans la Manche que dominent les Thourp : ainsi Cametours, Clitourp, probablement *Klifftorp*, le village du rocher, commune où l'on trouve le manoir de *Torgistourp*, et de cette même paroisse est originaire la famille Dutourp, dont un membre célèbre, le ligueur Dutourp, naquit au château de Théville, dans le même canton. Il y a la mare de Thorp dans la forêt de Brotonne. Le nom scand. de l'île d'Oscel, ou de Bédane, est *Turholm*. (V. *Cartul. S. Trin. de Roth*.)

TRAVA, travail, de l'isl. *Trafali*, en goth. *Trawla*, travailler ; ce mot eut pour syn. Labourer, de Laborare : « Ils labouroient en vain, » c.-à-d. travaillaient. Cependant l'it., *Travagliare*, de *Tribulare*, ferait croire à une orig. latine. Pour expliquer l'appétit du travailleur on dit : « L'trava mage le pain. » TRAVAILLANT, s. m., travailleur.

TROUSSE, croupe, la partie où on lie le bagage : « Monter en trousse ; » « Porter trousse » se dit du cheval qui ne refuse pas une personne sur sa croupe. TROUSSET, TROUSSIAU, trousseau, de l'isl. *Truss*, bagage, qui est l'all. *Trosse*, faisceau de plusieurs choses. Le v. f. *Trousser*, vêtir, est encore dans La Fontaine : « Notre bergère ainsi troussée » (*La laitière et le pot au lait*) ; le fr. a gardé dans ce sens Détrousser ; en n. DÉTROUSSIER. Le fr. Trousser, Retrousser sign. litt. relever son bagage, l'ensemble de ses vêtements. En v. fr. *Estrousses*, vêtements, en a. provincial, *Strowssers* (Halliwell), d'où l'a. *Trousers*, pantalons, culottes de matelot. Le fr. Trousses, bagage, est un souvenir du v. fr. : « Argent et or en plate sur les sommiers trossons » (*Berte aux grands piés*, str. 77), et dans le *R. des Saines* : « As sommier sont trosse li coffre et li escrin. »

VAND, du dan. *Wand*, eau, resté dans des noms de

rivières, comme dans la Vandelée, et de lieu, comme Brevand sur l'estuaire du Vey.

VASIER, lieu bourbeux, de l'isl. *Veisa,* locus paludosus : « Tous les hommes d'Yville qui envoient leurs oués es pastures des ylliaux et du vasier doivent chacun hostel un oyson d'erbaige. » VASIÈRE, s. f., marécage; VASOUX, vaseux; VASTIBOUSIER, vagabond, celui qui court les vases et les boues; VASER, envaser : « Tous les foins sont vasés et perdus à Cailli » (Acte d'Evreux 1781). ENVASIER, envaser; VAISSET (Guern.), vase, en v. fr. *Vaissel.*

VIC, s. m., baie, crique, du dan. *Wic,* id., est resté dans plusieurs loc. littorales, surtout dans la Hague; dans l'intérieur, Vic, le Vicel. peuvent venir du l. *Vicus;* du reste ces mots sont identiques et s'unissent dans l'idée commune d'habitation, parceque les Scandinaves habitaient les baies, comme c'est d'ailleurs une habitude générale. C'est de ces baies que les N. tiraient leur nom de Vikings. Les Viks sont nombreux en Scandinavie, spécialament en Islande : le Wiborg danois se retrouve dans un nom n. Rob. Wiborc. Ils ont pris la finale *Wich* en A., comme Sandwich, la baie du sable, en a. sax. Sandvic, sur les bords de la Tamise : or les Sandvic abondent dans les Shetland, les Orcades, l'Islande, la Norwège (*An account on the Danes in England* par M. Warsaae, 13), et nous avons un Sanvic en N. L'île de Wight, avec sa baie célèbre par ses régates, offre probablement un Wik et Froissart lui donne une forme voisine : « S'en vinrent côtoyant les isles de Wisque et de Grenesie; » on disait l'île de Wit. Dans le *Dict.* d'Halliwell *Wich* sign. baie et petit village au bord de la mer. Cambden donne à *Vich* la même définition dans sa *Britannia* au commencement du 1er vol. Nous avons donc beaucoup de Vic en N. : Ficquefiort pour

Vic-fiord, le fiord de la baie, Sanvic, près du Hâvre, appelé Sanwich dans les anciens titres, et sur tout ce littoral il y avait une ligne de Vics pour attester la présence des N. depuis Witsand, l'ancien Wissant, et Quentvic en Artois jusqu'à Catervick en Hollande. Mais c'est la Hague et son voisinage qui sont le plus riches en Vics : il y en a trois contigus, Plainvic, Pulvic, Solvic; il y a le havre de Survic devant Gréville; il y a le Cap Levi, au XIIIᵉ s. Kapel-Vic, près duquel est Biorrock, le roc de Bior; il y a un Vi, devant Cosqueville, signalé sur la carte du dépôt de la guerre, et sous la forme Vic dans celle de Bitouzé; à peu de distance, mais un peu dans l'intérieur, est le Vicel où il y a un camp, mais qui, lui, peut être le dim. du l. *Vicus*; Les rocs, dits Wiquets, sous Jobourg, offrent le dim. de Wik. Il y a encore le Viquet. Vous trouvez aussi au diocèse d'Evreux Viquerot, que son suffixe *Tot*, rapporte au scand. ou au germ. On trouve mention de deux vics dans une charte de Henri II : « Aque decursum a loco qui dicitur Belinguet Wit (Bliquetuit)... excepto quod domini Wiville, Anneville, etc. » et dans l'hist. de Gonesse de M. Delisle, p. 60 : « Prata Cadomi que appellantur prata Wi.»

VRAI, Vᴀᴀ, varech, en a. *wreck*, debris, épave, le sens prim. de Warec, en dan. *Vraig* : « Icelle chose est dite werech que la mer deboute. » (*Cout. de N.*) L'épave terrestre était plus spécialement la *chose gaive*, du v. f. *waiver*, abandonner, en a. *waif*, qui a beaucoup de rapport avec *Give*. Pour syn. de Varech, on disait autrefois *Coustille* : « tous droits à haux justiciers appartenant tant de veresc, de coustille, que autrement » (Floquet, *Hist. du Parl.* 1,214); VʀᴀɪQᴜɪᴇʀ (Hague), récolter le varech; VʀᴀɪQᴜᴇᴜʀ, à Chausey Vᴀʀᴇɪᴇᴜʀ, celui qui récolte le varech. EᴠʀᴀQᴜɪᴇʀ, arracher en craquant, litt.

comme du varech ou simplement une on. VRA sign. aussi objet dechiré; VRA, espèce de poisson. En a. *Wreck*, débris, d'où *Shipwreck*, naufragé.

Le *Landama* établit que partout où les envahisseurs norwégiens trouvèrent des monastères, ils les appelèrent d'un nom commençant par *Pap*, de *Pfaft*, *Papa*, παππας, prêtre, comme *Papey*, l'île du prêtre, *Papili*, le district du prêtre. Les îles d'Ecosse sont pleines de *Papey*, *Papa*, *Paplay*, *Papill*, *Pabby*, *Pappadill*. Quelques localités n. offrent des formes identiques, par ex. *Papill* l'ancien nom de Pavilly, ou analogues.

Parmi les mots scandinaves du français et de l'anglais qui ne se rapportent pas à nos familles normandes, on peut citer les suivants :

Agrès, en v. f. *Agrois*, bijoux, de l'isl. *Hagr* (*utilitates*) d'où le fr. Gréer; Balafre, en isl. *Benafr*, blessure, comp. de *Nara*, tuer, voy. NAFRE; Balise, de l'isl. *Balaz*, qui s'élève en haut; Baupré, du dan. *Bog*, l'avant recourbé du navire et *Sprœt*, mât, en a. *Bowsprit*; Blafard, de l'isl. *Blasvart*, livide; Coupe, en isl. *Kupa*, vase rond, en a. *Cup*, tasse; Equiper, de l'isl. *Skipa*, arranger, en a. *Equip*; Est, en isl. *Eyst*, l'orient, en a. *East*; Etambot, en v. f. *Etambord*, du dan. *Stœven*, pièce de bois à l'extrémité de la quille à l'arrière, et de *Board*, planche, en a. *Stern-post*, litt. poste de la quille; Flatter, de l'isl. *Fladra*, flatter; Fleur, comme dans à fleur d'eau, de l'isl. *Flor*, superficie, en a. *Floor*, plancher; Grimer, de l'isl. *Grima*, masque; en a. *Grin*, grimace; Guêtre, *vestra*, habit, en sanscrit, et *vestre* dans les langues du Nord; en a. *Gaiter*; Haïr, en isl. *Hata*; Hauban, de l'isl. *Hraufan*; Hisser, en isl. *Hisa*, élever avec des cordes, en a. *Hoist*, hisser; Horde, en isl. *Hiord*, troupe, en a. *Hord*; Hune, en isl. *Hun*, tête du mât; Lai, en isl. *Liod* et *Luida*, chanter; Lest, en isl. *Lest*, charge, en a. *Last*; Leude, en isl. *Lidi*, compagnon; Liste, en isl. *Lista*, bord, marge, en a. *List*, liste; Luth, en isl. *Lud*, trompette; Matelot, en isl. *Matenaut*; Narval, du dan. *Nœrhval*, comp. de *Nar*, folâtrer, et de *Val*, baleine; Nonne, en isl. *Nanna*, jeune fille, en a. *Nun*, nonne; Nord, en isl. *Nord*; Nuque, isl. *Hnack*, en a. *Nape*; Ogre, en isl. *Ygr*, cruel; Radouber, en v. fr. *Adouber*, équiper, en isl. *Dubba*, mettre en ordre; Renne, en isl. *Hreinn*, en a. *Rein*; Roquet, en isl. *Racki*, chien; Scorbut, en dan. *Schorbeck*, mal de bouche, en a. *Scurvy*; Sillage, en isl. *Sila*, sillonner, d'où l'a. *sail*; Stribord et Tribord, du dan. *Styr*, gouvernail et *board*, planche, côté, en a. *Starboard*; Tonneau, en isl. *Tunna*; Travail, en isl. *Trafali*, en a. *Travel*, voyage; Truble, en isl. *Truba*, fouir; Varech, en isl. *Vogrek*, ce que rejette la mer, en a. *Wreck*; Yacht, en isl. *Iagtskip*, navire d'observation, aviso; Vol, larcin, en isl. *Voladr*, pauvre, Dogre, en isl. *Dugga*, bateau pêcheur; Bastingue, de l'isl. *Bast-engi*, litt. enceinte tissée; Baril, en isl. *Bariel*.

L'algue *Laminaria flexicaulis* porte à Cherb. le nom d'ANGUILLER, ANGULLIER, lequel a du rapport avec son nom en Islande, *Thaungull*, et aux Orcades, *Tangle*: on l'appelle encore à Cherb. d'un nom plus voisin, TAN-GON: du reste ces divers noms s'appliquent aussi à l'espèce *Laminaria Cloustoni*. (V. un art. de M. Le Jolis, *Mém. de Cherb.*, IIIe vol.)

TABLE.

Avranches, Typ. et Lith. Henri Tribouillard.

www.ingramcontent.com/pod-product-compliance
Lightning Source LLC
Chambersburg PA
CBHW052116090426
42741CB00009B/1840